RELIURE SERREE
Absence de marges
intérieures

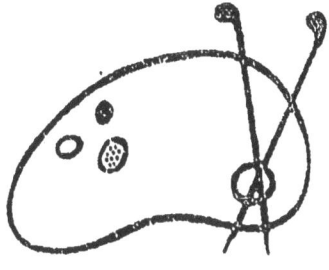

Couvertures supérieure et inférieure
en couleur

VALABLE POUR TOUT OU PARTIE
DU DOCUMENT REPRODUIT

Édition à **1 fr. 25** le volume

CH.-PAUL DE KOCK

UNE GRAPPE
DE
GROSEILLE

PARIS
DEGORCE CADOT, ÉDITEUR
9, RUE DE VERNEUIL, 9

Droits de traduction et de reproduction réservés

Monsieur Sans Souci

par Pigault-Lebrun

Dessins par HADOL

Degorce-Cadot, Editeur
Prix : 2 fr. franco

UNE GRAPPE
DE GROSEILLE

EN VENTE A LA MÊME LIBRAIRIE

ŒUVRES DE CH. PAUL DE KOCK

AVEC UNE GRAVURE HORS TEXTE

ÉDITION A 2 FRANCS LE VOLUME

L'Amoureux transi............ 1 vol.	Le Petit Bonhomme du coin.. 1 vol.
Une Gaillarde................ 2 »	Mon ami Piffard.............. 1 »
La Fille aux trois jupons..... 1 »	Les Demoiselles de Magasin... 2 »
La Dame aux trois corsets.... 1 »	Une Drôle de maison......... 1 »
Ce Monsieur.................. 1 »	Mme de Monflanquin.......... 2 »
La Jolie Fille du faubourg.... 1 »	Maison Pordaillon et Cie...... 2 »
Les Femmes, le Jeu et le	Le Riche Cramoisan........... 1 »
Vin........................ 1 »	La Bouquetière du Châ-
Cerisette.................... 2 »	teau-d'Eau................. 2 »
Le Sentier aux Francs........ 1 »	La Famille Braillard.......... 2 »
M. Cherami.................. 1 »	Friquette..................... 2 »
M. Choublanc................ 1 »	La Baronne Blaguiskoff....... 1 »
L'Ane à M. Martin............ 1 »	Un Jeune Homme mysté-
Une Femme à trois visages... 2 »	rieux...................... 1 »
La Grappe de groseille....... 1 »	La Petite Lise................ 1 »
La Mariée de Fontenay-	La Grande Ville............... 1 »
aux-Roses................. 1 »	La Famille Gogo.............. 2 »
L'Amant de la Lune.......... 3 »	Le Concierge de la rue du
Papa Beau-Père.............. 1 »	Bac........................ 1 »
La Demoiselle du cin-	Les nouveaux Troubadours... 1 »
quième.................... 2 »	Un petit-fils de Cartouche.... 1 »
Carotin...................... 1 »	Sans-Cravate................. 2 »
La Prairie aux coqueli-	Taquinet le Bossu............ 1 »
cots....................... 2 »	L'Amour qui passe et l'A-
Un Mari dont on se moque... 1 »	mour qui vient............. 1 »
Les Compagnons de la	Madame Saint-Lambert....... 1 »
Truffe..................... 2 »	Benjamin Godichon........... 1 »
Les Petits Ruisseaux......... 1 »	Paul et son Chien............. 1 »
Le Professeur Ficheclac-	Les époux Chamoureau....... 1 »
que....................... 1 »	Le Millionnaire............... 1 »
Les Etuvistes................ 2 »	Le petit Isidore............... 1 »
L'Homme aux trois cu-	Flon, Flon, Flon Larifondon-
lottes..................... 1 »	daine...................... 1 »
Madame Pantalon............ 1 »	Un Monsieur très-tour-
Madame Tapin............... 1 »	menté..................... 1 »

Il a été tiré, de chaque ouvrage, cent exemplaires sur très-beau papier de Hollande, gravure sur chine, à 5 francs le volume

---

F. Aureau. — Imprimerie de Lagny.

ŒUVRES DE CH.-PAUL DE KOCK

UNE GRAPPE

DE

GROSEILLE

Le bruit est pour le fat, la plainte est pour le sot;
L'honnête homme trompé s'éloigne et ne dit mot.

PARIS
A. DEGORCE-CADOT, ÉDITEUR
9, RUE DE VERNEUIL, 9

Tous droits de propriété expressément réservés

UNE GRAPPE
DE
GROSEILLE

I

PRÉFACE SI L'ON VEUT; INFORTUNE VRAIE

Il y en a tant de fausses, qu'en vérité on est quelquefois bien embarrassé; on ne se soucie pas d'être continuellement dupe, et d'un autre côté on craint de repousser un malheureux.

Nous pouvons dire cela mieux que personne, nous autres qui, parce que notre nom est connu, sommes chaque jour assaillis de demandeurs. Et pourquoi s'adresse-t-on à nous de préférence? franchement, je n'en trouve pas la raison. Parce que nous sommes auteurs ou romanciers, avons-nous quelque pouvoir, quelque puissance? Pas la moindre; les uns nous demandent notre protection pour obtenir une place, un emploi ou du travail; et où avez-vous jamais vu qu'un homme de lettres eût des places à donner!... D'abord ceux qui travaillent vraiment, ne sont pas solliciteurs : ceux-là ne demandent jamais rien pour eux... et je les approuve; mais pourquoi voulez-vous qu'ils demandent pour d'autres?

Il y a des gens qui, avec des compliments qu'ils vous jettent au nez, croient tout obtenir d'un écrivain; il y en a même qui sont persuadés que nous devons tout quitter pour nous occuper d'eux, et que nous allons négliger nos affaires pour faire les leurs. C'est un peu par trop sans façon.

Il y a ensuite les bavards... Ah! ceux-là sont mortels! Ils viennent d'un air délibéré vous prier de leur donner un moment, ils n'ont qu'un mot à vous dire, ils ne vous tiendront pas cinq minutes; mais ce qu'ils ont à vous communiquer est très-important. Vous cédez, car vous ne voulez pas être impoli, vous offrez un siége que l'on s'empresse d'accepter, vous attendez que l'on s'explique : le visiteur commence par tirer sa tabatière (ces gens-là ont toujours une tabatière), il se mouche... se met à son aise, puis, vous regardant d'un air qu'il veut rendre malin, murmure :

— Vous ne me remettez pas... Je vous ai beaucoup connu autrefois!

— Je ne sais pas, monsieur, si vous m'avez connu

autrefois, mais, moi, je ne vous connais pas du tout aujourd'hui.

— Comment, vous ne vous rappelez pas?... J'allais au même café que vous... Vous preniez souvent du chocolat...

— D'abord, monsieur, je ne suis pas un homme de café; même étant jeune, je les ai fort peu fréquentés; il est possible que vous m'ayez vu prendre du chocolat, je ne crois pas m'être jamais caché pour commettre une telle action... mais si c'est ainsi que vous me connaissez...

— Permettez, permettez, je vais vous rappeler une circonstance : une fois, il y avait une énigme dans le journal... était-ce une énigme ou une charade?... je ne sais plus au juste... Ah! je crois que c'était un logogriphe...

Ici, vous ressentez des inquiétudes dans vos jambes, vous interrompez ce bavard, en vous écriant :

— Pardon, mais je suis pressé, monsieur; au fait, s'il vous plaît : pourquoi m'avez-vous demandé cet entretien?... Je pense que ce n'est pas pour me parler d'un logogriphe.

L'individu se redresse, prend un air fier et vous dit :

— Monsieur, je parle toutes les langues!

Vous faites un bond d'effroi sur votre chaise et répondez :

— De grâce, monsieur, ne vous donnez pas la peine de me les parler, je ne vous comprendrais pas!...

— Monsieur, je puis vous traduire tout ce que vous désirerez, tous les auteurs me sont familiers... Espagnols,

Allemands, Suédois, Turcs, Hongrois. Je vous donnerai des sujets de roman, cela vous sera très-utile... Je puis vous montrer des manuscrits entièrement inconnus...

Vous vous levez, en disant :

— Monsieur, j'ai pour habitude de créer mes sujets et de ne point les chercher chez d'autres ; je ne veux pas lire vos manuscrits, et j'ai bien l'honneur de vous saluer.

— Mais, monsieur, vous ne savez pas ce que vous refusez !... Ce sont des trésors que je vous apportais...

— Portez-les à d'autres, je ne vous dirai pas : *Timeo Danaos et dona ferentes*, car je ne vous crois pas Grec...

— Comment, Grec !... Qu'est-ce à dire... Qu'entendez-vous par là, monsieur ?

— Mais, pour un homme qui parle toutes les langues, vous me faites l'effet de ne point comprendre le latin...

Et, tout en parlant, vous poussez ce monsieur vers la porte, qu'il est bien forcé de prendre ; mais il s'éloigne fort irrité contre vous... et cela vous est parfaitement indifférent.

Arrivons aux malheureux, ou soi-disant tels. Ceux-ci sont, hélas ! les plus nombreux. Mais quelle confiance voulez-vous que j'aie dans ce monsieur parfaitement râpé, qui s'annonce comme vieux souffleur, m'aborde d'un air piteux, en me disant : « Je n'ai pas mangé depuis deux jours !... » mais qui empoisonne le vin et l'eau-de-vie.

Je suis bien tenté de lui répondre : « Si vous n'avez pas mangé, à coup sûr vous avez bu. » Mais on se débarrasse de ceux-là à peu de frais.

Cependant, je me souviens toujours d'une aventure arrivée à défunt *Rougemont*, un de nos plus spirituels vaudevillistes, au temps où l'on faisait encore des vaudevilles.

Un de ces soi-disant artistes entièrement pané était venu lui faire sa visite en poussant de grands gémissements sur ses infortunes, son talent méconnu et les injustices dont il avait été victime, et Rougemont lui avait glissé dans la main une pièce de cent sous.

L'ex-artiste infortuné était parti. Peu de temps après, Rougemont sort aussi et se rend au café de la porte Saint-Martin, où il avait l'habitude d'aller prendre sa demi-tasse.

Qu'est-ce qu'il voit assis à une table, prenant tranquillement son café et son petit verre ? c'est l'individu auquel il vient de mettre cinq francs dans la main. Et celui-ci, loin de se troubler en apercevant Rougemont, se met à sourire en lui disant :

— Ah ! vous faites comme moi, mon cher ami, vous venez prendre votre demi-tasse et votre gloria... Oh ! moi, il me serait impossible de m'en passer.

Ab uno disce omnes !

Encore une pourtant : C'était au printemps dernier. Quand je rentre chez moi, ma domestique me dit :

— Il est venu un monsieur pour voir monsieur, il a été bien fâché de ne pas vous rencontrer, parce qu'il a une très-bonne nouvelle à vous annoncer.

— A-t-il dit son nom ?

— Non, monsieur, mais il a dit qu'il allait entrer au café ici en bas, voir si, par hasard, vous y seriez

On est toujours curieux de savoir une bonne nouvelle, même lorsqu'on n'en attend aucune. Je descends au café, on me dit qu'en effet un particulier est venu me demander, mais il est parti. — Après tout, me dis-je, si ce monsieur est chargé de m'apprendre quelque chose d'important, il reviendra... Et je rentre chez moi.

Au bout d'une heure, on sonne. Je me dis que ce doit être l'homme à la nouvelle. En effet, je vois entrer d'un air empressé un particulier ni vieux, ni jeune, l'air jovial, canaille... tranchons le mot, enfin l'air d'un blagueur. Il vient à moi en me tendant la main, me prend la mienne, sans me laisser le temps de me reconnaître et la serre fortement, en me disant :

— Eh ! bonjour, comment cela va-t-il?... Ah ! je suis enchanté de vous trouver !...

Je regarde, je cherche à reconnaître mon homme.... impossible ! il continue de me secouer la main et s'écrie :

— Vous ne me reconnaissez pas ?

— Ma foi, non !...

— Je suis l'ami intime de X... Vous m'avez vu vingt fois avec lui et à son atelier, quand vous y veniez !...

Il faut vous dire que X... est un peintre en décors, d'un très-grand talent et que j'aimais beaucoup ; mais il n'est plus à Paris, il est allé se fixer en province, où il a trouvé une position aussi honorable qu'avantageuse... Or, je me rappelais fort bien X..., mais pas du tout ce monsieur. N'importe, je lui dis :

— Est-ce vous qui êtes venu ce matin et qui avez une si bonne nouvelle à m'annoncer?

— Mais, certainement, c'est moi...

— Eh bien! qu'est-ce donc?

— Apprenez, mon cher, que je viens d'obtenir un emploi à Lyon, avec vingt mille francs de traitement?... Vingt mille francs! c'est X... qui m'a fait avoir cela... il est à Lyon en ce moment et dès ce soir je pars, je vais le retrouver!...

— Et puis après?

— C'est tout, est-ce que ça n'est pas gentil comme ça?

— Alors, c'est là la bonne nouvelle?

— Oui, mon cher... vingt mille francs d'appointements?

— Alors, c'est une bonne nouvelle pour vous, que vous vouliez m'annoncer?

— Naturellement, et je pars dès ce soir... pour entrer en fonction!

Je me dis en moi-même : — Elle est forte, celle-là !... mais voyons où il veut arriver. J'ai bien dans l'idée que cela va se terminer par la demande ordinaire.

En effet, ce monsieur, qui ne cessait de répéter qu'il partait le soir même, restait là, ne se levait pas et paraissait ne plus savoir que dire. Alors, c'est moi qui me lève et le salue, en lui disant :

— Eh bien! je ne veux pas vous retenir, je vous souhaite un bon voyage... une place de vingt mille francs! c'est magnifique.

Mon blagueur semble embarrassé ; cependant il se

décide à prendre le chemin de la porte; mais, arrivé tout près, il se retourne, s'arrête et me dit vivement :

— Prêtez-moi donc quarante sous... Je n'ai pas de quoi dîner... je vous rendrai ça demain.

Il oubliait en ce moment qu'il venait de me dire quelques minutes auparavant qu'il partait le soir même pour Lyon !... Quel tissu de mensonges, de platitudes, de sottises ! et comment un homme peut-il s'abaisser, se dégrader à ce point ! Ne vaut-il pas cent fois mieux avouer franchement sa position, que de chercher à faire des dupes avec des histoires qu'on n'a même pas le talent de finir !

Je m'empressai de donner une pièce de quarante sous à ce monsieur porteur de bonnes nouvelles; il l'empocha en me disant encore :

— Je vous rendrai cela demain.

Et je lui répondis :

— Mais non... cela vous empêcherait d'aller à Lyon, et vous manqueriez votre place de vingt mille francs.

Arrivons à cette infortune vraie que je vous ai promise, et qui rouvre notre âme à de doux sentiments ; car ces messieurs aux bonnes nouvelles, aux demi-tasses, aux odeurs de cabarets, seraient capables de nous faire perdre toute sensibilité.

C'était vers la fin de l'hiver dernier; il était dix heures et demie du soir ; il n'y avait plus que peu de monde sur le boulevard parce qu'il faisait froid. Je rentrais chez moi; j'étais à peu près devant le théâtre de l'Ambigu, lorsqu'un petit garçon d'une dizaine d'années, vêtu comme un petit collégien, m'aborda en me disant :

— Monsieur, voulez-vous acheter un tableau?

Je trouvai la proposition fort singulière, vu l'heure qu'il était, l'endroit où nous nous trouvions, et surtout l'âge et la mise de celui qui me la faisait, et qui n'avait nullement l'air d'un mendiant; je répondis assez brusquement à l'enfant :

— Non! non, je ne veux pas acheter un tableau.

Le petit bonhomme n'insista pas; il s'arrêta pour me laisser continuer de marcher. Je remarquai alors qu'il avait un assez grand cadre à sa main. Cependant, sa proposition avait éveillé ma curiosité; je m'arrêtai, au lieu de continuer mon chemin, pour voir ce que mon jeune marchand de tableau allait faire. Je le vis aller rejoindre une dame, qui était un peu en arrière. Cette dame, dont la mise était modeste, mais convenable, était coiffée en cheveux, et donnait la main à un autre petit garçon, habillé, comme le premier, en petite veste, en casquette; mais celui-ci ne devait pas avoir plus cinq ans.

L'enfant, qui tenait le cadre, avait repris la main de sa mère; je devinai bien qu'elle devait l'être; il lui faisait part du peu de succès de sa démarche; ils firent quelques pas en avant; moi, j'étais toujours arrêté pour les regarder, car je commençais à deviner qu'il y avait là quelque chose qui méritait que l'on s'y intéressât.

La dame aux deux enfants venait de dépasser un petit café qui se trouve après le théâtre de l'Ambigu. Tout à coup elle s'arrêta comme cédant à une pensée subite;

puis elle remit le cadre dans les mains du plus petit garçon, c'était tout au plus s'il pouvait le porter, et l'envoya dans le café, où l'on apercevait encore beaucoup de monde.

Le petit bonhomme courut au café, avec son cadre sur les bras. La dame et l'autre enfant s'étaient un peu avancés de mon côté, pour ne point être vus par les personnes qui étaient dans le café; mais tous deux avaient suivi des yeux celui qui emportait le tableau, espérant sans doute que son extrême jeunesse intéresserait et lui ferait trouver un acheteur.

Vain espoir! après être resté assez longtemps dans le café, le tout petit garçon s'en revint sans avoir été plus heureux que son frère. Il se hâta de rejoindre sa mère, qui le débarrassa vivement du tableau, qu'elle remit au plus grand; puis, tenant ses deux enfants par la main, elle se remit en marche, venant cette fois de mon côté.

Je les laissai me dépasser; puis, après avoir fait quelques pas derrière eux, je touchai doucement le bras de celui qui m'avait parlé, en lui disant :

— Mais, qu'est-ce qu'il représente, votre tableau?

A ma voix, tout le monde s'arrêta; puis le jeune garçon, quittant la main de sa mère, s'empressa de me montrer ce que contenait le cadre. Je vis bien que c'était un portrait de femme; mais, malgré le gaz, il était assez difficile de juger de son mérite.

— Combien voulez-vous vendre cela? dis-je.

— Vingt francs, monsieur; c'est le portrait de ma mère, voyez... Oh! elle est bien jolie!...

Cet enfant avait dit cela si naturellement, avec tant de candeur, que l'on comprenait bien que l'amour qu'il portait à sa mère lui faisait croire que tout le monde la verrait avec les mêmes yeux que lui; mais cet éloge, tout filial qu'il fût, parut inconvenant à cette dame qui s'empressa de dire :

— Oh! ce n'est pas cela qui peut faire acheter ce portrait,.. mais mon mari est très-malade... Je n'avais plus de ressources... j'ai pensé à me défaire de ce portrait... Voilà pourquoi...

Ici, les sanglots ne permirent pas à cette dame de continuer, elle cacha sa figure avec son mouchoir. Moi, tout ému par ce que j'entendais, je m'empressai de prendre dans ma poche ce que j'avais en monnaie blanche et je mis cela dans la main du jeune garçon, en lui disant :

— Tenez, mon ami, prenez cela, je vous en prie.

L'enfant avait reçu l'argent; mais la mère avait entendu sans doute mes paroles, car elle balbutia :

— Oh! monsieur! je ne veux pas...

Puis toujours pleurant, elle se sauvait avec le plus petit de ses fils par un de ces escaliers qui, sur cette partie du boulevard Saint-Martin, descendent sur la chaussée; et moi, presque aussi honteux que cette dame, car on est quelquefois plus embarrassé pour être charitable que pour faire une sottise, je me sauvai aussi vers ma porte qui n'était qu'à deux pas, en me demandant si je n'avais pas offensé cette dame, en donnant quelque argent à son fils qui voulait vendre un tableau, mais ne demandait pas l'aumône.

Tout cela avait été l'affaire de deux minutes... Arrivé devant ma porte, je m'arrêtai, en me disant : — Parbleu ! je suis bien maladroit !... il fallait acheter le portrait... alors j'aurais véritablement obligé cette pauvre dame, d'autant plus que j'aurais prié l'enfant de me le garder, en trouvant un prétexte pour cela... Pourquoi donc, chez moi, le premier mouvement n'est-il jamais le bon ?...

Là-dessus, me voilà quittant ma porte, et retournant à l'endroit du boulevard où la scène s'était passée; je m'arrête devant l'escalier par où cette dame s'était sauvée, je regarde à droite, à gauche, mais je n'aperçois plus personne... Cette dame avait disparu avec ses deux enfants. Après être resté là quelques minutes pour voir revenir ceux que j'aurais voulu retrouver, je rentrai chez moi encore tout bouleversé par les sanglots que j'avais entendus.

Car voilà une infortune bien vraie, bien réelle ! Cette dame n'était pas d'une classe commune, ses deux petits garçons paraissaient bien élevés... Oh ! ce n'étaient pas là des mendiants ! c'étaient des personnes bien malheureuses.

Mais qu'on vienne donc chez moi me proposer le portrait d'un père, d'une mère, d'une aïeule, en me faisant de ces histoires qui n'ont ni queues, ni têtes, et en m'envoyant dans le nez des bouffées de vin ou d'eau-de-vie... et vous verrez comme je les recevrai, ceux-là !

Je n'ai pas besoin de vous dire que tout ceci n'a pas le moindre rapport avec *la Grappe de Groseille* que vous allez lire.. C'était seulement pour vous faire juger la différence qu'il y a entre une infortune vraie et tous ces mensonges que des paresseux... des intrigants et des filous viennent nous débiter.

A propos : on s'obstine à m'écrire de la France et de l'étranger sans affranchir les lettres; moi, de mon côté, je m'obstine à ne point les recevoir.

II

RENCONTRES AU CAFÉ

Un jeune homme venait de s'asseoir au café qui fait presque le coin du boulevard de la Madeleine et de la rue Louis-le-Grand et qu'on nomme, je crois, le café *Napolitain*, cité surtout pour l'excellence de ses glaces, qui valent bien, je pourrais même dire qui valent mieux que toutes celles que l'on prend en Italie et surtout en Turquie, terre classique du sorbet.

Ce jeune homme peut avoir vingt-cinq ans; il est mis avec une recherche qui annonce un disciple de la mode, de ces gandins qui porteraient je ne sais quelle coiffure sur leur tête si la mode l'ordonnait, s'inquiétant peu si cela va mal, ou bien si cela est ridicule ou trop bizarre, et toujours prêts à répondre par cette phrase : « C'est la mode ! » ce qui, pour eux, veut dire : Ce doit être bien porté.

Ce monsieur est assez beau garçon : les traits sont réguliers, la bouche petite; ses cheveux blonds sont toujours frisés, bouclés, lissés comme s'il sortait de chez le coiffeur; ses yeux bleu clair sont très-grands; mais dans tout cela il n'y a aucune expression. Il semble toujours que cette figure-là va vous dire : « C'est la mode. »

Le garçon est venu demander à ce jeune homme ce qu'il faut lui servir; et celui-ci, après avoir ajusté ses bouts de manche, s'être assuré que les pointes de son col sont bien à leur place, et avoir regardé si son gilet ne fait pas un faux pli, se renverse un peu sur sa chaise, semble réfléchir, voit passer deux jolies dames, les guette de l'œil, persuadé qu'elles vont le regarder en passant, et répond très-haut au garçon :

— Je ne sais pas quelle glace je veux prendre... je ne suis pas décidé... Prendrai-je une glace ou un granit ?

Les deux jolies femmes sont passées sans que la voix de ce monsieur ait produit sur elles le moindre effet; elles n'ont fait aucune attention à lui, ce qui semble dépiter un peu le bel élégant, qui regarde alors le garçon avec humeur en lui disant :

— Eh bien !... que faites-vous là ?

— Monsieur, j'attends que vous m'ayez dit ce qu'il faut vous servir.

— Comment... je ne vous l'ai pas dit ?

— Non, monsieur; vous n'étiez pas décidé entre une glace et un granit.

— Ah ! c'est vrai... je flottais !... Eh bien !... ma foi, je flotte encore.

Le garçon laisse ce monsieur flotter et court à une table où on l'appelle. Alors notre élégant fronce le sourcil, appelle, s'impatiente et frappe enfin avec violence de son *stick* sur la table, bien que cette manière de faire venir un garçon de café ne s'accorde pas avec la recherche de sa toilette.

Mais, en ce moment, un jeune homme qui passait sur le boulevard, s'arrête, regarde ce beau gandin qui fait tant de tapage et d'un bond court s'asseoir à sa table, en riant et s'écriant :

— A qui diable en as-tu donc, mon cher Polydore? tu fais un train comme si tu te trouvais au cabaret!... Toi, la fine fleur du bon genre, de la gandinerie... Toi, l'homme le mieux mis, ou du moins le plus à la mode du boulevard des Italiens.

Celui qu'on vient de nommer Polydore s'est déridé et tend une main parfaitement gantée au nouveau venu :

— Comment ! c'est toi, Dorcelle !... Ce cher Adrien Dorcelle !... Ah ! que je suis charmé de te revoir... Tu es donc de retour à Paris ?

— Mais cela me fait bien cet effet-là. Garçon... garçon !... une glace, un granit... ce que vous voudrez. Mais que je retrouve enfin mon Paris avec tout ce qu'il a de bon !...

— Monsieur est-il décidé pour ce qu'il veut prendre?

— Parbleu !... voilà une heure que je vous appelle pour vous le dire...
— Et c'est ?...

Le beau Polydore hésite encore, enfin il répond :
— Vous me servirez... comme à mon ami !
— Et depuis quand es-tu revenu à Paris ? reprend le jeune Polydore, en tâchant de se donner une pose gracieuse, un coude posé sur la table et de sa main gauche jouant avec sa petite canne, dont la tête est en agate.

Tandis que celui auquel il s'adresse se dandine sur sa chaise avec un grand laisser-aller, on peut remarquer sur-le-champ une grande différence entre les deux jeunes gens.

Adrien Dorcelle n'a que deux ans de plus que le beau Polydore ; mais ses traits, l'expression de sa physionomie annoncent déjà un homme qui a beaucoup vécu, et ses yeux disent assez qu'il est toujours disposé à s'amuser, et à ne laisser échapper aucune occasion de se livrer au plaisir. Il est grand, bien fait ; ses cheveux sont châtains, ses yeux bleu foncé tour à tour tendres, passionnés ou railleurs ; il est moins joli garçon, il a une figure moins régulière que le blond Polydore, mais à coup sûr il doit plaire davantage, surtout aux femmes qui apprécient l'esprit, l'enjouement, et qui préfèrent un perdreau à un dindon.

Adrien Dorcelle se mettait aussi fort bien, mais il n'y avait chez lui ni roideur, ni prétention, et il aurait envoyé au diable une mode qui l'aurait gêné ou guindé. D'une humeur presque constamment gaie, il avait cependant quelques attachements assez vifs, assez profonds pour éprouver un véritable chagrin en se voyant trahi. Mais ces chagrins-là n'avaient jamais été de longue durée ; un autre amour avait bientôt remplacé l'ancien.

Au total, Dorcelle était un charmant cavalier, aimable, obligeant, brave ; on ne pouvait lui reprocher que son extrême étourderie, fort peu rassurante pour les femmes qui ne savaient pas lui résister, mais qui tenaient beaucoup à cacher leurs faiblesses. Maintenant, terminons ce portrait en disant tout de suite que Dorcelle a vingt-cinq mille francs de rente, ce qui le rend encore plus aimable aux yeux de bien des gens.

Le garçon vient de servir à ces messieurs deux granits à l'orange. Dorcelle savoure le sien avec délices, tandis que M. Polydore fait la moue, semble fâché de n'avoir pas pris une glace, et murmure :

— Ces garçons ne vous donnent jamais ce qu'on désire... Dorcelle, je te demandais depuis quand tu es à Paris?...

— D'hier seulement...

— Tu as été près d'un an absent !

— Dix mois.

— Ah! que c'est joli de voyager... Je voyagerai l'année prochaine... C'est très-bon genre... Tu t'es bien amusé, n'est-ce pas?

— Je me suis très-souvent ennuyé... Oh! Paris !... Paris !... pour s'amuser, vois-tu, Polydore ! il n'y a que Paris ; jamais pour la variété des plaisirs vous ne trouverez ne ville qui puisse lui être comparée!... Aussi je puis bien dire :

« Plus je vis l'étranger, plus j'aimai ma patrie. »

— Tu m'étonnes! cepe..!ant, puisque c'est bon genre de voyager...

— Eh! n'est-ce pas Godineau qui passe là?... Ohé! Godineau! Godineau!

Deux jeunes gens passaient alors devant le café; l'un d'eux s'est retourné en s'entendant appeler, il fait signe qu'il va venir, puis il s'arrête pour causer encore avec la personne qui l'accompagnait; pendant ce temps, M. Polydore dit à Dorcelle :

— Pourquoi donc appelles-tu Godineau? Oh! quel ennui!

— Comment, quel ennui! mais Godineau est très-amusant, au contraire... Il a toujours quelque chose de drôle à raconter. Je croyais que c'était ton ami!

— Ami... de pension... ça n'engage à rien ; et puis Godineau a si mauvais ton! il parle toujours comme s'il chantait dans une cour!...

— Il me semble que tout à l'heure tu faisais passablement de tapage, toi!

— Moi, c'était pour me faire servir.

L'arrivée de celui dont on parle coupe court à ce dialogue. Godineau, un gaillard de trente ans, pas beau de figure, mais l'air jovial et tant soit peu moqueur; de ces nez retroussés qui semblent toujours vouloir interroger les astres ; taille moyenne, déjà pas mal gros, mise ordinaire, fort simple, mais le chapeau sans cesse posé sur l'oreille et quelque chose d'un peu déhanché dans la tournure. Il court s'asseoir entre les deux jeunes gens, en s'écriant :

— Tiens !... tiens ! en voilà une rencontre ! c'est ce cher Dorcelle qui est de retour !... qui revient au bercail... Car, Paris !... c'est le bercail des bons enfants... Quel heureux hasard !... Et Polydore !... mais, lui, je le prends par-dessus le marché !...

— Bonjour, Godineau, ça va bien, toujours gai, content ?

— Surtout quand je revois ceux que j'aime... Polydore, ce n'est pas pour toi que je dis ça, c'est pour lui... Parce que, toi, ancien camarade de pension et dont je faisais souvent les devoirs parce que tu ne mordais guère au latin, pas trop au français et pas du tout à l'arithmétique... tu ne mordais que dans la galette que tu faisais acheter tous les matins par un petit...

— Voyons, Godineau, avez-vous fini avec votre galette ? Est-ce que vous êtes venu vous asseoir près de nous pour m'insulter !

— Oh ! le voilà qui prend ses grands airs ! D'abord ce n'est pas près de toi que je viens m'asseoir, c'est près de Dorcelle qui m'a appelé... Oh ! je sais très-bien que tu ne m'aurais pas appelé, toi !... Tu n'as plus besoin de moi ! je ne fais plus tes *pensums* et, de plus, tu as hérité de trente mille francs de rente !... tandis que, moi, je n'ai pas hérité du tout... Dis donc, il t'est arrivé bien à propos, cet héritage-là ; car je doute fort qu'avec tout ce que tu avais appris à la pension tu aies pu jamais entreprendre l'éducation d'un épicier !...

— Ah ! voilà, on est vexé parce que je suis riche à présent et que vous ne l'êtes pas !...

— Moi, vexé parce que mes amis seraient heureux ! Tu te trompes, Polydore, cela me ferait plaisir au contraire ! seulement je ne voudrais pas que ça les rendit ingrats et fiers !... d'autant plus qu'il n'y a pas de quoi !... Qu'est-ce qu'il faisait, l'oncle dont tu as hérité ?... il vendait de la poudrette, je crois ?... il paraît que c'est un excellent commerce !

Le beau Polydore fait un mouvement d'impatience et répond :

— Mon oncle faisait la traite des nègres, monsieur !

— La traite des nègres, à Pantin ? où diable trouvait-il des nègres par là ?... Enfin n'importe, il n'y a pas de sots métiers, mais il y a beaucoup de sottes gens, nous en avons la preuve tous les jours. Ce pauvre Polydore !... Es-tu beau ! mais es-tu beau ! je ne peux pas me lasser de t'admirer... Quand je te regarde, je me crois devant la boutique d'un coiffeur !

— Moquez-vous de moi... Vous voudriez bien être habillé comme je le suis !

— Oui, je me ferais voir pour six sous, pas à moins... Dis donc, Polydore, décidément, depuis que tu es riche, tu ne me tutoies plus...

— Je n'en vois pas la nécessité, monsieur.

— Comme tu voudras ! seulement je te préviens que,

moi, je continuerai à te tutoyer; alors ceux qui ne nous connaissent pas et qui nous entendront, croiront que je suis ton maître et que tu es mon domestique.

Polydore devient cramoisi, Dorcelle rit aux larmes. Godineau reprend :

— Ce mot-là n'est pas de moi, mais ça m'est égal, je dis comme *Molière* : « Je prends mon bien où je le trouve. »

— Voyons, messieurs, dit Dorcelle, voilà assez de plaisanteries, je veux vous raccommoder, car deux amis de collége ne doivent pas se brouiller... Et pourquoi?... vous n'en savez rien vous-mêmes.

— Tu vois bien, murmure Polydore, que Godineau ne cesse pas de se moquer de moi... de me dire des bêtises!...

— Des bêtises! ma foi, j'en conviens, répond le jovial Godineau. J'aime à en dire et à en faire... J'aime à faire des farces; écoutez donc, je ne suis pas riche comme vous autres, messieurs, il faut bien que j'aie quelque chose pour moi. Courtier en marchandises, je ne gagne pas tous les jours de quoi dîner à la Maison-d'or ; mais alors je mène ma maîtresse dans un restaurant à quarante sous en lui jurant que tous les cabinets sont pris chez les grands traiteurs; et l'appétit n'en souffre pas. Voyons, maintenant parlons de vous, Dorcelle, vous avez été longtemps absent de Paris et je me rappelle qu'en partant vous m'aviez dit : « Je vais revenir... vous me reverrez avant quinze jours. » Vous avez donc trouvé de bien jolies choses sur votre chemin?

— Messieurs, voilà ce que c'est : je suis parti pour suivre une femme qui faisait la coquette avec moi; elle me mena en Italie; mais, à Venise, je rencontrai une ravissante beauté qui me fit oublier ma coquette. Ma jeune Vénitienne devint sensible à mon amour; mais un jour son jaloux l'emmena, elle n'eut que le temps de m'écrire. « Je vais en Allemagne, à Vienne. » Aussitôt, je pars pour l'Allemagne. Arrivé à Vienne, je n'y trouve pas ma Vénitienne, mais je fais connaissance d'une grande dame qui me dit : « Je pars pour la Russie, il faut y venir avec moi. » Je me laisse emmener en Russie. Mais, là, j'avais trop froid. Une jeune artiste se rendait en Suisse, je l'accompagnai; je vécus quelque temps dans un chalet, entouré de brebis, de laitage, de fromage...

— Ah! que ce devait être intéressant! s'écrie Polydore.

— C'était à périr d'ennui. Aussi je laissai-là mon artiste, dessinant des vues, des forêts, des précipices, pour partir avec une danseuse qui allait donner des représentations en Angleterre; et c'est de là que j'arrive en ce moment.

— Et votre danseuse?

— Je l'ai laissée accablée de couronnes, de guinées et d'adorateurs!... Oh! c'est une gaillarde qui fera fortune. Me voici de retour à Paris, et bien content de m'y retrouver, je vous le jure; désormais, je ne suivrai plus les dames qui aiment à voyager. A présent, messieurs, c'est à vous de m'instruire, de me mettre au courant de ce qu'il y a de neuf à Paris.

— Ma foi, des quartiers entiers démolis. Des voies superbes... Des squares... On bâtit toujours l'Opéra. Les Italiens ont augmenté le prix de leurs places.

— Tout cela m'intéresse peu!

— Ah! quelque chose de fort intéressant : Polydore, que nous avons l'honneur de posséder en ce moment à côté de nous, ne s'appelle plus Polydore...

— Bah!... Et comment se nomme-t-il à présent?

— Monsieur de Nanterre!...

— Ah! ah! Est-ce vrai, Polydore?

— Eh bien! où est le mal? je n'ai pas changé de nom pour cela, je suis né à Nanterre, je signe Polydore de Nanterre; je ne mens pas!

— C'est juste, tu donnes tout de suite le lieu de ta naissance, ce sera même précieux pour les historiens qui feront plus tard ta biographie. Seulement, vois-tu, Polydore, je suis fâché que tu sois de Nanterre, parce que ton nom me rappelle les petits gâteaux qu'on vend dans ce village; lorsque j'entends annoncer M. de Nanterre, je suis toujours tenté de demander s'il est bien tendre!

— Messieurs, dit Adrien Dorcelle, dans tout cela vous ne m'avez pas parlé de ce qui m'intéresse le plus, de ce que j'aime par-dessus tout! des femmes enfin?

— Oh! sois tranquille! il y en a toujours à Paris!... de belles... quelques-unes; de jolies, d'agaçantes, de séduisantes par leur physionomie et leur tournure... oh! de celles-là en très-grande quantité; de laides... beaucoup trop!... Quant aux qualités, je n'en dirai rien; car, si je disais ce que je pense, je me ferais égratigner.

— Voilà bien ces hommes qui ne font pas de conquêtes !... murmure Polydore en se dandinant sur sa chaise... ils médisent toujours des femmes !...

— Moi, je n'en dis pas de mal... je suis comme Dorcelle, je les cultive comme des fleurs... mais je prétends que lorsqu'elles se mettent à être méchantes, elles le sont trop !... elles y mettent un raffinement qui passe les bornes.

— Enfin, messieurs, y a-t-il dans ce moment quelque beauté célèbre, en vogue, dans le monde, au théâtre, ou à Mabille ?

— Ma foi ! non, répond Godineau. Nous avions bien la mère Moreau, qui était célèbre par ses chinois, mais son règne est passé.

Le beau Polydore secoue la tête d'un air important en disant :

— Oh ! moi, je connais une dame qui est au-dessus de tout ce que l'on a vu de plus idéal, de plus distingué... une femme... ravissante, enfin !... dont un seul regard vous bouleverse... Mais les gens qui ont les goûts canailles ne la remarquent pas, parce qu'elle est trop comme il faut pour eux !

— C'est pour moi que tu dis cela, n'est-ce pas, Polydore de Nanterre?... ils sont tout chauds !

— Je dis ce qui est !

— Diable ! s'écrie Dorcelle, mais voilà qui pique ma curiosité... et où voit-on cette beauté si remarquable ?

— On ne la voit pas !

— J'en étais sûr ! dit Godineau en éclatant de rire. C'est

quelque image coloriée qu'il aura fait encadrer et plac[er]
dans son alcôve, pour qu'on croie que c'est sa maîtress[e.]

— Non, monsieur Godineau, ce n'est point une imag[e,]
c'est une réalité. La personne dont je parle est la mar[-]
quise Abelino !... mais vous ne connaissez pas cette dam[e]
assurément, car vous n'allez pas dans ce monde-là !...

— Oh ! que tu as raison, cher ami de Nanterre, je n[e]
vais en soirée que chez des portières, moi !

— Abelino ! Abelino ! murmure Dorcelle, mais ce nom
là ne m'est pas inconnu...

— Oh ! ne cherche pas, reprend Polydore, tu ne pe[ux]
pas connaître la marquise ; elle n'est à Paris que depu[is]
quatre mois et tu étais en voyage, toi.

— Si je ne connais pas la marquise, je puis connaît[re]
le marquis... Oui, le marquis Abelino, je suis cert[ain]
maintenant d'avoir fait sa connaissance à Venise... c'ét[ait]
un homme fort aimable, de bon ton, plein d'esprit[,]
mais il était garçon, le mien...

— Tu vois bien, ce n'est pas le même... Oh ! mais [la]
question va se résoudre... voilà le marquis Abelino qui [va]
passer devant nous... Oui, c'est lui qui vient là-bas !

III

LE MARQUIS ABELINO

Le jeune gandin se hâte de se lever pour être tout prêt à saluer celui dont il guette le passage. Godineau, qui tourne le dos au boulevard, ne bouge pas de dessus sa chaise ; quant à Dorcelle, il est très-curieux de savoir si la personne dont Polydore vient de parler est la même qu'il a rencontrée et avec laquelle il a fait connaissance à Venise.

Le marquis Abelino arrive devant les jeunes gens. C'est un homme de quarante-cinq ans, fort beau cavalier, dont la tournure et les manières sont distinguées, et annoncent l'homme du grand monde. Son aspect est un peu sévère, son teint est presque celui d'un Algérien ; mais les traits de son visage sont corrects et rappellent ces types italiens si bien peints par les maîtres. Ses yeux très-noirs sont surmontés d'épais sourcils. Ses cheveux ont l'éclat du jais, et pas un seul filet blanc n'est venu encore gâter ce bel ornement que le temps déflore trop vite. La bouche du marquis est fine, mince, et presque toujours sérieuse; mais lorsqu'elle sourit, elle laisse voir de fort belles dents, et son expression devient extrêmement agréable. Au total, le marquis Abelino, bien qu'il ait passé sa première jeunesse, a encore tout ce qu'il faut pour faire des conquêtes, et peut-être même des passions. Il eût été difficile que ce monsieur ne remarquât pas Polydore qui, du plus loin qu'il l'aperçoit, se confond en salutations, comme si un illustre personnage allait passer devant lui. Ce qui fait beaucoup rire Godineau qui murmure :

— Je crois que M. de Nanterre veut devenir employé au télégraphe. Il fait en ce moment des signaux qui annoncent de bien heureuses dispositions. Si son marquis ne le remarque pas, c'est qu'il y mettra de la mauvaise volonté.

Mais le marquis a vu les profonds saluts de Polydore, il y répond d'un air fort aimable et va poursuivre son chemin, lorsqu'il aperçoit Dorcelle ; alors il s'arrête, et s'approche des jeunes gens.

— Eh! mais, je ne me trompe pas!... c'est M. Dorcelle que j'aperçois...

— Lui-même, marquis, et qui est enchanté de retrouver à Paris celui avec qui il a passé, à Venise, de si agréables soirées.

— Cela me fait aussi le plus vif plaisir ; et, comme vous m'aviez dit que vous reviendriez bientôt à Paris, depuis longtemps je vous y cherchais et je m'étonnais de ne point vous avoir encore rencontré soit aux Bouffes, soit à l'Opéra...

Tout en parlant, ces deux messieurs se sont tendu la main et se la pressent affectueusement, ce qui semble beaucoup impatienter le jeune Polydore, qui continue de saluer le marquis, lequel n'y fait pas attention et poursuit sa conversation avec Dorcelle.

— Est-ce qu'il y a longtemps que vous êtes de retour à Paris ?

— D'hier, seulement ; oh ! j'ai prolongé mon voyage beaucoup plus que je ne croyais... Vous vous rappelez cette belle comtesse dont j'étais amoureux à Venise ?...

— Mais, à Venise, vous étiez amoureux de cinq ou six dames au moins, alors je puis confondre...

— N'importe, celle-là allait visiter l'Allemagne, ma foi ! je la suivis !... C'est pourquoi je partis un peu brusquement, et sans avoir pris le temps de vous remercier pour les mille obligeances que vous eûtes pour un homme qui ne connaissait personne à Venise et ne savait pas dix mots d'italien.

— Mon cher monsieur Dorcelle, quoique je sois né en Espagne, j'ai toujours beaucoup aimé les Français. J'ai trouvé en vous le type du vrai Français, l'homme toujours gai, aimable, un peu étourdi peut-être, mais dont on

2.

aime même les défauts, parce qu'il ne cherche point à les déguiser; enfin votre société à Venise m'a fait oublier ces souvenirs qui nous poursuivent quelquefois en voyage. J'espère qu'à Paris nous renouvellerons cette connaissance qui a été trop vite interrompue.

— Je ne demande pas mieux, cher marquis; car, avec votre air un peu sévère, j'ai bien vu que vous n'étiez pas non plus ennemi des plaisirs et que les dames ne vous sont pas indifférentes...

— Je serais bien mal doué si je ne rendais pas à leurs charmes l'hommage qu'ils méritent.

— A propos de dames, vous allez nous mettre d'accord, marquis ; tout à l'heure, Polydore que voici...

— J'ai déjà eu l'honneur de saluer M. le marquis, et de m'informer de l'état de sa santé...

— Merci, monsieur Polydore, je me porte fort bien... Vous disiez donc, monsieur Dorcello?...

— Tout à l'heure Polydore me disait connaître le marquis Abelino... ce nom vous rappelant à mon souvenir : « Je connais aussi quelqu'un qui s'appelle ainsi, m'écriai-je, c'est peut-être la même personne; » mais Polydore ajouta que le marquis, qu'il a l'avantage de connaître, a une épouse remarquable par sa grâce et sa beauté. Moi, il me semble vous avoir entendu dire que vous étiez garçon... Nous en étions là, quand vous avez paru pour nous dire qui avait raison de nous deux.

— Vous aviez raison tous les deux, messieurs. Quand vous me quittâtes à Venise, monsieur Dorcello, il y a neuf mois de cela, j'étais bien encore garçon; mais je me suis marié, il y a six mois, et il y en a quatre que je suis venu avec ma femme me fixer à Paris. Vous voyez que vous n'aviez tort ni l'un, ni l'autre.

— Est-ce que vous avez épousé une Vénitienne ?

— Non pas, une Française !... Oh! je les préfère de beaucoup aux Italiennes. M. Polydore a peut être un peu flatté la marquise, mais le fait est qu'elle n'est pas mal; vous la verrez, monsieur Dorcelle; j'espère bientôt vous présenter à elle... Tenez, voici mon adresse; nous recevons le jeudi; mais, ce jour-là ou un autre, soyez certain que vous serez toujours le bienvenu. Je vous quitte, messieurs, car la marquise doit m'attendre; le temps est beau; je lui ai promis de la mener faire un tour au bois, et un mari de six mois ne doit pas encore manquer à sa parole. Au revoir, messieurs.

Le marquis s'est éloigné. Godineau se tourne alors vers Polydore, le regarde en riant, et lui dit :

— De Nanterre, tu as fait four, toi. Oh! mais ce qui s'appelle un four complet ! C'est Dorcelle qui a la corde sur toi près du senor Abelino !... Tu n'as obtenu que deux ou trois petits mots pour toutes tes courbettes, tandis que, sans s'épuiser en salutations, notre ami est invité d'une façon très-pressante par ce mari qui tient à le présenter à sa femme. Ces diables de maris, ils sont tous les mêmes ! Dès qu'ils se lient avec un joli cavalier, leur premier soin est de le présenter à leur femme !... Cependant, je dois avouer que celui-ci ne me fait pas l'effet d'être d'une pâte aussi facile à pétrir que les autres !

Avec son teint mauresque... ses cheveux et ses yeux de jais !... Je crois qu'il ne prendrait pas aisément la chose. Au total, il est fort bien, ce marquis ! il a de très-agréables manières... Où donc as-tu fait sa connaissance, Polydore ?

— C'est Gerville qui m'a présenté chez lui.

— Ah ! je disais aussi... Certainement, tu n'y aurais pas été seul.

— Qu'entendez-vous encore par là ?

— J'entends que tu as passé dans un bloc, dans une poussée de monde probablement, à un bal que le marquis donnait ce soir là.

— Toujours vos mauvaises plaisanteries... Ce qui n'empêche pas que M. Abelino me témoigne beaucoup d'amitié quand je vais chez lui.

— Alors, il paraît que ce n'est pas la même chose quand il te voit ailleurs. Ah ! vous me direz, il y a des gens qui ne sont aimables que chez eux.

— Et son épouse... la céleste marquise, me parle toujours avec une grâce... et attache sur moi des regards... d'une éloquence !...

— Ah ! bon, il veut nous faire entendre qu'il a fait la conquête de la marquise... Voyez-vous ce fat !...

— Je ne dis pas cela... non, je ne prétends pas avoir déjà fait autant de progrès dans sa pensée... mais je dis... ou plutôt je ne dis rien, parce qu'avec Godineau il faut se tenir sur ses gardes !..

— Tu auras toujours raison de ne rien dire... et si tu

n'en crois, pour réussir près des femmes, tu n'emploieras pas d'autre tactique... Tu n'es pas mal quand tu ne parles pas, on peut te croire spirituel, il ne faut pas détruire l'illusion. — Ha çà! qu'est-ce qu'il fait votre senor Abelino... c'est drôle, ce nom-là me rappelle un mélodrame que dans mon enfance je crois avoir vu jouer à l'Ambigu-Comique.... *l'Homme à trois visages.* Il y avait là-dedans un brigand bien redoutable, qui s'appelait Abelino!... Je n'ai pas vu jouer la pièce... non, mais je l'ai lue; c'était fort amusant, et, je crois, traduit de l'anglais...

— Est-ce que tu penses que le marquis que nous venons de voir descend de ce brigand-là?

— Comme j'avais raison, Polydore, quand je te disais tout à l'heure que tu devrais ne jamais parler, parce qu'on pourrait te croire spirituel. Voilà qu'il veut que je prenne le marquis Abelino pour le descendant d'un personnage de mélodrame! Au total, est-il riche, ce monsieur?

— Il m'a paru l'être, mais je n'en sais pas plus, dit Dorcelle.

— Moi, dit Polydore, je sais que le marquis est fort riche... d'abord, il a voiture.

— Ce ne serait pas une preuve. Il y a dans Paris une foule de gens qui louent un équipage au mois et qui n'en sont pas plus riches pour cela!... Mais on croit qu'ils le sont, cela jette de la poudre aux yeux des niais... et, comme ceux-ci sont en majorité, ils se répètent l'un à l'autre :

« Monsieur un tel a voiture, il est très-riche ! » et, à force de dire cela, ils arrivent à en faire un millionnaire aux yeux du monde. Je ne prétends pas dire que le marquis soit de ce nombre; seulement, je demande s'il fait quelque chose ?

— Quand on est marquis, et riche, est-ce qu'on fait quelque chose ?...

— Je sais très-bien qu'il ne doit pas vendre du raisiné ou des bonnets de coton ! mais il pourrait occuper quelque poste, quelque emploi important...

— Attends donc, dit Dorcelle, il me semble me rappeler que le marquis m'a dit en causant être attaché à une ambassade... Je crois que c'est à celle d'Italie...

— A la bonne heure... voilà un emploi !

— Oui, oui, s'écrie Polydore, il est attaché quelque part, et même cela l'oblige à voyager souvent...

— Et il emmène sa femme avec lui, sans doute ?

— Non ; dernièrement, il s'est absenté pendant quinze jours et il a laissé sa femme à Paris.

— Alors, il n'est pas aussi jaloux que je le supposais !...

— Ah ! oui, mais en son absence madame ne reçoit pas ! il paraît que c'est une consigne sévère ; je me suis présenté une fois en son absence pour voir la marquise, mais le concierge ne m'a pas laissé monter; il m'a dit : « Madame ne reçoit personne ; elle n'est pas visible tant que M. le marquis n'est point à Paris. »

— A la bonne heure, voilà qui s'accorde avec le teint mauresque du senor Abelino.

— Savez-vous bien, messieurs, que tout cela pique ma curiosité! s'écrie Dorcelle; dès demain, j'irai faire une visite à mon ami Abelino..,

— Mauvais sujet, on devine vos desseins!...

— Je vous assure, Godineau, que je n'en ai aucun; seulement j'arrive à Paris, après une absence de dix mois; vous concevez bien qu'il faut que je fasse de nouvelles connaissances? toutes mes anciennes maîtresses sont prises, je n'en ai pas trouvé une seule de libre... Je suis sans occupation...

— Vous en trouverez bien vite.

— Moi, messieurs, dit le beau Polydore en se levant, je vous quitte, je vais monter à cheval, j'ai donné ordre à mon groom de me seller ma petite jument. Tout à l'heure le marquis nous a dit qu'il allait mener sa femme au bois... Je vais y aller, je le rejoindrai, et je verrai, dans sa calèche, la ravissante marquise. Au revoir, messieurs!

Polydore salue les deux amis d'un air presque goguenard, et s'éloigne en se tenant bien sur la hanche.

— Ah! il veut voir la marquise, aujourd'hui, lui! murmure Dorcelle; tiens! tiens! mais j'ai bien envie d'en faire autant. Je n'ai point un cheval à moi... mais on peut en louer, et de très-bons. Godineau, voulez-vous venir à cheval avec moi? nous irons faire un tour au bois...

— Ma foi! oui, je le veux bien; d'ailleurs, j'avoue que

je serai curieux de voir Polydore à cheval; s'il s'y tient comme à pied quand il fait le paon, ça vaut la peine d'être vu !

— Eh bien ! allons louer des chevaux; venez, je connais les bons endroits.

IV

UNE PARTIE DE CHEVAL.

Dorcelle et Godineau, montés sur des chevaux qui pourraient lutter avec des coursiers de bonne maison, sont déjà dans les Champs Élysées; Dorcelle se tient fort bien à cheval c'est un excellent cavalier; Godineau n'a pas son élégance, mais il n'a pas peur et va aussi vite que l'on veut, en répétant toujours :

— Sapristi! si je tombe, c'est que le cheval tombera avec moi.

Ces messieurs cherchent des yeux Polydore et ne l'ont point encore aperçu parmi cette foule de cavaliers qui se rendent au bois; car, ainsi qu'on le chante dans les *Rendez-vous bourgeois*:

Le temps est beau, la route est belle;
La promenade est un plaisir.

Mais, en entrant dans l'avenue de l'Impératrice, les deux amis remarquent que les cavaliers qui viennent en sens inverse rient beaucoup en échangeant ces phrases :

— Il est à pouffer de rire!...
— Il ne voit pas que tout le monde se moque de lui.
— Oh! je le reconnais, il se fait toujours suivre par son groom.
— Qui monte infiniment mieux que lui.

Ces paroles sont entendues par Godineau, qui dit à son compagnon :

— J'ai bien dans l'idée que c'est du beau de Nanterre qu'il s'agit ! Poussons un peu nos montures pour nous en assurer.

Après quelque temps de galop, ils aperçoivent en effet Polydore, qui se fait suivre par un jockey d'une dizaine d'années, lequel est monté sur un petit poney qu'il conduit fort bien.

Mais il n'en est pas de même du maître. Il faut dire que Polydore ne possède que depuis deux ans le bel héritage qui lui a donné trente mille francs de rente. Avant ce temps, il n'avait jamais monté à cheval, il n'avait pris aucune leçon d'équitation et il en était de même pour tous ces arts d'agrément qui forment l'éducation d'un jeune homme du grand monde ; il était fort ignorant en tout. A la vérité, depuis qu'il était riche, Polydore avait voulu se donner tous les talents qui lui manquaient; mais c'était justement parce qu'il avait tâché de tout apprendre à la fois qu'il n'avait réussi à rien. Et puis il y a de ces natures pauvrement douées, auprès desquelles les professeurs les plus habiles perdent leur temps, et Polydore était de ce nombre ; très-favorisé au physique, il l'était fort peu au moral, et ses capacités, si toutefois il en possédait, étaient extrêmement bornées.

C'est pourquoi le beau gandin, ne pouvant parvenir à prendre ce qui s'appelle son assiette sur son cheval, se tenait comme une pincette, n'allant ni à la française, ni à l'anglaise ; sautant, tantôt en avant, tantôt en arrière, et se rattrapant alors à la crinière de son coursier, à laquelle à chaque instant il était obligé d'avoir recours.

Malgré cela Polydore était persuadé que l'on admirait sa tenue fière, son air noble à cheval. Quand il entendait rire près de lui, il se retournait et disait à son petit groom :

— John Boule, tenez vous donc mieux sur votre poney... vous faites rire les piétons à vos dépens ! Mais entendait dire :

— Oh ! qu'il est gentil ! comme il se tient bien... il est plein de grâce !...

Polydore ne manquait pas de prendre pour lui ces compliments que l'on adressait à son jockey ; alors il faisait le paon, manquait de tomber et se retenait à la selle de son coursier.

Dorcelle et Godineau arrivent en galopant à côté de Polydore qui se retient encore à sa selle en s'écriant :

— Comment ! c'est vous, messieurs !... Tiens ! vous montez donc à cheval aussi ?

— Un peu, mon cher! A la vérité, nous n'y montons pas comme toi... Oh! non... ce n'est pas la même école!...

— Moi, je suis de la haute école...

— Ça se voit toute de suite... prends garde, tu vas passer par-dessus la tête de ton andalou...

— Oh! il n'y a pas de danger... j'ai comme ça l'air de sauter... mais c'est dans ma méthode...

— Est-ce aussi dans ta méthode d'empoigner à chaque instant le pommeau de ta selle?

— Oh! je fais cela par hasard... Et puis, Godineau, vous vous tenez trop près de ma jument, vous lui faites peur.

— Est-ce bien ta jument qui a peur!... Sapristi! monsieur de Nanterre, savez-vous que si vous aviez un plat à barbe sur la tête, au lieu de votre gibus, vous auriez beaucoup de ressemblance avec le héros de *Michel Cervantes!*

— Godineau, je vous en prie, ne vous tenez pas si près de moi... vous montez peut-être un cheval entier et c'est fort dangereux pour moi!... D'ailleurs, je n'aime pas galoper... je préfère le petit trot, c'est meilleur genre.

— Ah! ah! ce pauvre Polydore qui a peur que mon cheval ne fasse la cour à sa jument...

— Dorcelle! je t'en supplie, mets-toi entre moi et Godineau... ma jument pousse des hennissements qui ne sont pas naturels. Godineau veut me faire tomber, je vois bien cela... mais il n'y parviendra pas!

— Ah! ah! il est charmant! voilà que je veux le faire tomber à présent!... Décidément, tu ne sais donc pas tenir à cheval... tiens, je t'abandonne à Dorcelle, tu n'auras peut-être pas pour de lui ! C'est égal, monsieur de Nanterre, vous feriez mieux de faire des rosières que des courses à cheval.

Godineau a piqué sa monture et il est bientôt fort loin de ses connaissances.

Polydore redevient tranquille et murmure :

— Enfin ! m'en voilà débarrassé ! Ce Godineau est ma bête noire, il ne cherche qu'à me faire des méchancetés !

— Tu as une fausse opinion de lui. Godineau aime à rire, à plaisanter ; mais il serait désolé qu'il t'arrivât le moindre accident !

— Il cherchait à faire cabrer ma jument ! heureusement je lui ai défendu de jamais se cabrer... et elle m'obéit comme un enfant... Ah ! bigre !...

La jument si docile vient de faire un saut de mouton qui a jeté son cavalier en avant ; heureusement il en est encore quitte cette fois pour embrasser le col de son cheval ; il se remet en selle, en disant :

— Vois-tu, Dorcelle, ceci est encore la faute de Godineau ; il a tellement taquiné ma jument, que cette bête d'ordinaire si paisible se livre à des écarts qu'elle ne connaissait pas...

— Eh bien ! Polydore, tu es venu pour voir ici la marquise Abelino... les as-tu rencontrés, ces nouveaux époux ?

— Non, pas encore, mais nous ne pouvons tarder à les apercevoir ; leur calèche est bleu clair, doublée d'orange... Ne va donc pas si vite, Dorcelle... je n'ai pas envie de rejoindre Godineau, moi !

— Ce n'est pas pour le rejoindre que je pousse mon

cheval, mais je vois là-bas deux amis auxquels je veux aller dire bonjour.

Et Dorcelle, pressant des genoux les flancs de sa monture, a bientôt disparu aux regards de Polydore, qui se dit :

— Après tout, j'aime autant qu'ils me laissent... J'étais bien tranquille sans eux... je m'amusais... j'allais une allure douce. J'entendais de temps à autre les piétons admirer ma bonne tenue à cheval... Depuis qu'ils sont venus galoper, faire piaffer leurs chevaux à côté de moi, ma jument est toute désorientée, elle ne sait plus ce qu'elle fait... elle, si docile à ma voix !... John Boule... avancez un peu.

Le petit jockey auquel son maître a ordonné d'avoir un parler qui annonce un Anglais, ce qui gêne souvent l'enfant qui est Savoyard, pousse son poney près de son maître, qui s'est arrêté, et murmure :

— Voilà, milord maître...

— Examine bien ma jument ; est-ce qu'elle a un pied de déferré ?

— Oh ! non, maître... rien de déferré ! Tout il était en bon état, *god dem !*

— Cependant Doucette a des mouvements... fait des soubresauts qui ne lui sont pas ordinaires. Tu es bien certain que rien n'est dérangé... que tu as bien bouclé la selle ?

— Ah ! je le crois bien, fouchtra !...

— Qu'est-ce que c'est que *fouchtra*, drôle ?... Comment,

quand j'ai fait de toi un petit Anglais pur sang, tu me lances des jurons de Limousin ou de Savoyard !

— Ah ! pardon, milord, je avais trompé... je voulais dire : nom d'un chien !

— *Nom d'un chien* n'est pas Anglais!... Je t'ai appris *God dem! By God!... Devilish, Malédictionne!* Au premier *fouchtra* que tu me lâcheras, je te renvoie chez ton ramoneur de cheminées !

— *Yes, milord, malédictionne !*

En ce moment une belle calèche bleue, capitonnée en orange, passe près du cavalier qui donnait une leçon d'anglais à son jockey. Elle renfermait le marquis Abelino et sa femme ; celle-ci, portant un robe de mousseline blanche, bien bouffante, une basquine blanche, la tête et les épaules couvertes de flocons de gaze blanche, semblait un nuage, une vapeur qui devait pouvoir voltiger dans l'air et que la voiture entraînait sans la porter.

La calèche a dépassé Polydore, qui l'aperçoit alors et s'écrie :

— Ah ! la voilà ! c'est elle, c'est la belle marquise !.. Et je ne les ai pas salués !... Oh ! sapristi, il faut que je les rejoigne... il le faut absolument !

Cette fois, Polydore se décide à donner de la cravache à son cheval, et la jument qui ne demande pas mieux que de montrer une allure plus vive, prend aussitôt le galop, au grand effroi de son cavalier qui ne voulait qu'un petit trot ; mais Doucette est lancée et, joyeuse de montrer sa légèreté, elle lutte de vitesse avec plusieurs cavaliers qui, en voyant Polydore sauter tantôt en avant, tantôt en arrière ou prêt à tomber sur le côté, lui crient :

— Prenez donc garde ! vous n'êtes plus en selle... Vous avez perdu vos étriers... arrêtez votre cheval !

Le malheureux gandin voudrait bien retenir son cheval, mais Doucette n'écoute pas son maître ; elle redouble d'ardeur et bientôt ce que tout le monde prévoyait arrive : le cavalier tombe sur le sable et le cheval continue sa course.

Plusieurs personnes s'empressent autour de Polydore qui est tombé sur le nez et s'est écorché tout le visage ; le petit jockey a déjà mis pied à terre, il se lamente en faisant le tour de son maître et en criant :

— God dem ! malédictionne... milord de Nanterre il avait blessé son naze ! il était peut-être crevé !

Mais dans le bois de Boulogne le terrain destiné aux cavaliers est si doux, qu'il est bien rare que l'on se blesse en tombant de cheval. Cependant, pour ne point faire rire à ses dépens, le beau gandin, qui n'a blessé que son nez, se tâte les côtes et fait des contorsions en s'écriant qu'il doit s'en être brisé une ; il résiste à John Boule, qui veut absolument remettre son maître sur ses pieds, en le tirant par les mains. Mais Polydore lâchant les mains au moment où le petit groom tirait de toutes ses forces, l'enfant tombe à son tour sur son derrière et va rouler à côté de son maître, en poussant un *fouchtra !* qui lui attire un coup de poing dans le dos.

Le maître et le jockey sont encore à terre lorsque Dorcelle et Godineau reviennent près d'eux ; ce dernier tient en laisse la jument Doucette qu'il a rencontrée gambadant sans cavalier, ce qui lui a fait deviner ce qui était arrivé.

— Qu'est-ce que c'est ? à terre tous les deux ! s'écrie Godineau, c'est un de trop !... Ce petit groom est un courtisan qui aura voulu faire comme son maître.

— Comment, mon pauvre Polydore, tu es tombé ? dit Dorcelle ; te serais-tu blessé ? d'abord tu as le nez tout en sang...

— Oh ! si ce n'était que cela... mais les côtes ! je dois en avoir plusieurs de défoncées !...

— Pourras-tu remonter sur ton cheval...

— Oh ! jamais ! j'en ai assez comme ça, du cheval...

— Tu vas donc revenir à pied ?

— Non, je ne pourrais pas marcher...

— Alors il faut que ton petit ramoneur anglais aille te chercher une voiture...

Mais comme Godineau achevait de parler, un joli coupé vient de s'arrêter devant les jeunes gens, une dame met sa tête à la portière en s'écriant :

— Q'est-ce qu'il y a ?... un accident !... Eh ! mais, c'est M. de Nanterre que je vois là sur le sable...

Polydore, oubliant alors qu'il vient de dire qu'il avait des côtes enfoncées, se relève assez vivement et salue cette dame.

— Madame de Bréville... madame, j'ai bien l'honneur...

— Que vous est-il donc arrivé, mon cher monsieur ?

— Mon cheval s'est emporté, il est parti comme un éclair ! je ne m'y attendais pas... je suis tombé...

— Et votre jockey en même temps ?

— Oh ! non... veux-tu bien te relever, drôle, et ramener mon cheval en laisse à mon écurie, où tu m'attendras...

— Dans l'écurie, maître ?

— Quelle brute ! dans mon salon... et tu panseras mes chevaux.

— Et vous êtes-vous fait mal en tombant, M. de Nanterre ? vous avez le nez enflé !

— J'ai très-mal dans les côtes... Je ne pourrai pas marcher...

— Eh bien ! montez donc dans ma voiture ; justement je n'ai personne avec moi, je vous mettrai chez vous...

— Ah ! madame, c'est trop de bonté... mais je n'ose...

— Je vous dis que je le veux... François, ouvrez et aidez monsieur à monter.

Le domestique qui se tenait derrière la voiture est bien vite à terre, il va prendre Polydore sous le bras et l'aide à monter dans le coupé de sa maîtresse. En passant devant ses amis, Polydore leur jette un regard de triomphe qui signifie :

— Vous le voyez, une grande dame m'emmène dans sa voiture... On n'en ferait pas autant pour vous. Mais les grandes dames sont remplies de bontés pour moi.

Le petit jockey a emmené les chevaux ; le coupé de cette dame est parti avec Polydore qui, par la portière, adresse encore un regard goguenard à Godineau ; celui-ci hausse les épaules, en disant à Dorcelle :

— Je gagerais que Polydore est enchanté d'être tombé,

vu la suite de sa chute; mais je ne lui fais pas compliment de sa conquête; elle est laide, sa dame!

— Elle n'est pas belle, mais elle a une physionomie originale... un aplomb dans le regard qui ferait baisser les yeux à un pompier!...

— Connaissez-vous cela, Dorcelle, madame de Bréville?... Ne serait-ce pas une grande dame de Mabille?

— Non, non, c'est véritablement une dame de la bonne société, une vraie baronne; mais méchante, médisante, ne se plaisant qu'à déchirer tout le monde et qui ferait battre des montagnes si elle en avait le pouvoir!

— Diable! voilà un portrait qui n'est pas flatteur.

— Il est ressemblant, je le garantis.

— Vous connaissez donc cette dame?

— Je me suis rencontré plusieurs fois dans le monde avec elle. Elle ne m'a pas remarqué, sans quoi elle m'aurait fait mille questions sur mes voyages.

— La croyez-vous vraiment éprise de cet imbécile de Polydore?

— Non, mais elle aime à faire parler d'elle... et je suis sûr qu'elle est la première à se moquer de notre malheureux cavalier.

— Au total, a-t-elle de l'esprit, cette dame?

— De l'esprit, n'est pas le mot. Elle a la repartie prompte quand il s'agit de se moquer de quelqu'un; mais j'ai souvent remarqué que chez les femmes cette facilité de railler les autres n'est point une preuve d'esprit, car la plus sotte ne restera jamais à court quand il s'agira de répondre une méchanceté.

— Voyons, mon cher Dorcelle, puisque le hasard nous a réunis aujourd'hui, il faut finir la journée ensemble.

— Je le veux bien, mais songez que je ne suis de retour à Paris que depuis hier, et que je suis affamé de plaisir !... Me promettez-vous de m'en procurer, Godineau?

— Je m'y engage; d'abord nous allons dîner ensemble... et bien dîner, cela va sans dire; ensuite, c'est aujourd'hui lundi, je vous mènerai ce soir à la réunion de M. Grosbœuf.

— Ah ! mon Dieu, qu'est-ce que c'est que ce Grosbœuf? le nom seul m'épouvante.

— Rassurez-vous; M. Grosbœuf est un ancien sous-chef au Trésor qui, avec sa retraite et la fortune de sa femme, mène une existence fort douce, entremêlée de bézigue, domino et piquet; il reçoit tous les lundis, il vient chez lui beaucoup de monde; c'est mêlé, c'est toujours très-varié; on y fait de la musique, le whist, des charades en action, des jeux innocents, quelquefois même on danse, mais sans toilette de bal. Vous trouverez là des petites dames fort gentilles; j'ai déjà manqué de m'y marier trois fois...

— Mais je n'ai pas envie de me marier, moi!

— Ça ne fait rien... Je gage que vous vous amuserez à la réunion Grosbœuf.

— Je vous avoue, mon cher Godineau, que j'en doute un peu ! Je ne suis pas un grand amateur de jeux innocents; mais n'importe, je m'abandonne à vous pour aujourd'hui, et je remets à demain la vue de cette belle marquise Abelino.

V

SOIRÉE CHEZ M. GROSBŒUF

— J'aurais parié que vous alliez me mener au Marais !
dit Dorcelle, lorsque, après dîner, il entend Godineau
dire à leur cocher :
— Rue des Enfants-Rouges !
— Eh bien ! pourquoi pas ? Pensez-vous qu'on ne peut
pas s'amuser au Marais comme ailleurs ? D'ailleurs, mon
cher Adrien, il n'y a plus de Marais aujourd'hui ! Paris est
tellement transformé depuis quelque temps, que les quartiers déserts sont devenus vivants, les rues étroites ont
fait place à des voies larges, spacieuses, ou à des boulevards plantés d'arbres ; on va d'un bout de la ville à l'autre
par des chemins bien aérés, bordés par de riches bouti-

ques, de superbes magasins; il n'y a donc plus de Chaussée-d'Antin, de faubourg Saint-Germain, ni de Marais; il n'y a plus qu'une ville superbe, nouvelle, où à la vérité on ne se reconnaît pas lorsqu'il y a quelque temps qu'on ne l'a parcourue; mais on finit toujours par s'y retrouver et par rester tout ébahi, tout émerveillé des changements, des embellissements qui ont eu lieu en si peu de temps.

— Godineau, est-ce que vous êtes entrepreneur de bâtiments?

— Moi? hélas! non; je n'entreprends que le courtage en marchandises et des mariages. Ah! il faut absolument que je me marie... J'ai trente ans, c'est l'instant, c'est le moment!... Ça me posera; seulement, je veux une femme qui m'apporte au moins la soupe et le bœuf; je tâcherai de gagner le second plat...

— Et vous espérez trouver cela dans la maison où vous me conduisez?

— Ça ne peut pas manquer... il y vient tant de monde! Le papa Grosbœuf donne avec profusion du punch, du thé, des sirops, des gâteaux; et vous savez comme le monde est généralement gourmand; je n'en veux pour preuve que l'empressement avec lequel on assiège les buffets dans les bals les mieux composés, et ce que l'on appelle *tout Paris*, qui accepte les premières invitations venues de gens que l'on ne connaît guère, que parfois on ne connaît pas, sur l'assurance qu'il y aura un souper.

— Joue-t-on gros jeu où nous allons?

— Oh! jamais! on y fait nécessairement le whist; où

ne fait-on pas le whist, grand Dieu! Ce jeu qui veut dire silence et pendant lequel vous entendez continuellement les partners se disputer; ce jeu fort distingué jadis a fini par devenir très-commun depuis que les amateurs de domino et tous les boutiquiers retirés ont voulu le jouer. On fait aussi de la musique, car maintenant on trouverait plutôt un jardin sans verdure qu'un salon sans piano. On lit aussi des vers...

— Ah! diable... c'est effrayant, cela!

— Rassurez-vous, c'est fort rare. Mais depuis quelque temps ce qui est devenu une mode, un goût général, c'est de jouer la comédie; les plaisirs de la scène sont aujourd'hui une passion pour la société; partout on veut jouer la comédie; chez ceux qui ont des théâtres, cela va tout seul; chez les personnes qui ont des appartements, cela va encore, on peut ménager des entrées et des sorties; mais c'est chez ceux où cela ne va pas du tout que c'est le plus amusant. Je me rappelle avoir vu représenter la *Closerie des Genêts* dans une alcôve; une fois en scène, les acteurs, ne pouvant plus sortir de l'alcôve, allaient se placer sur le côté, se retournaient et servaient de coulisses, jusqu'à ce que leur réplique arrivât, ce qui offrait un singulier coup d'œil aux spectateurs; il y avait surtout une grosse dame qui, ainsi transformée en coulisse, et vue du côté opposé, donnait bien des distractions au public.

— Ne m'avez-vous pas dit, Godineau, que vous aviez manqué trois mariages chez les personnes où nous allons?

— Eh! mon Dieu! oui; je ne les ai pas manqués chez les Grosbœuf, mais c'est là que j'avais fait connaissance des futures. L'une, jeune demoiselle élevée par sa tante, allait devenir ma femme, lorsque deux jours avant la signature du contrat, en me promenant avec elle, j'ai le malheur de laisser tomber sur sa robe un bout de cigare qui mit le feu à quelques volants; j'éteignis bien vite l'incendie, en me brûlant les doigts; mais le lendemain on me signifia qu'on ne pouvait pas me confier une femme, puisque j'y mettais le feu. La seconde future était une veuve à peu près de mon âge; celle-là se fâcha parce que j'eus le malheur de lui dire un jour qu'elle était mal coiffée. Elle m'écrivit : « Vous me trouvez mal coiffée avant que je sois votre femme, comment donc me trouverez-vous après? » J'aurais pu lui répondre : « Après, je vous certifie que vous serez parfaitement coiffée! » mais je me renfermai dans ma dignité d'homme. Quant à la troisième... Ah! elle était fort gentille et tant soit peu coquette; elle aimait la danse et surtout la valse avec fureur; moi, je danse, je cancanne même très-agréablement; mais je ne sais pas valser... J'avais jusqu'alors caché cet inconvénient à ma future, en ayant soin de m'éloigner quand j'entendais le prélude d'une valse; mais un soir, pas moyen; l'orchestre commence une valse, je veux fuir... ma future me saisit le bras en s'écriant : « Eh bien! où allez-vous donc? n'entendez-vous pas qu'on joue une valse... Allons, venez... il y a déjà longtemps que j'ai envie de valser avec vous. »

Il n'y avait pas moyen de reculer! Au petit bonheur,

me dis-je! ça ira peut-être mieux que je ne crois. Là-dessus j'enlace ma demoiselle, nous nous lançons, nous tourbillonnons... Je ne savais plus où j'étais ; tout tournait dans le salon avec moi, et, au second tour, pouf! je tombe avec ma danseuse que je n'avais pas voulu lâcher, que je ne voulais pas encore lâcher même étant par terre. Le lendemain, je reçus mon congé avec ces mots : « Je n'épouserai jamais un homme qui garde si peu de mesure! » Voilà comment j'ai manqué trois mariages ; je les ai peu regrettés ; après tout, les futures avaient bien la soupe et le bœuf, mais bien sec!... Pas moyen d'y ajouter de la moutarde! Je trouverai, je l'espère, du persil dessous!

Le cocher s'arrête, les deux amis descendent et entrent dans une vieille maison ; ils traversent une fort grande cour, puis montent un vieil escalier, bien large, mais dont les marches inclinent beaucoup du côté de la rampe.

— Voilà encore une maison qui mériterait d'être démolie! dit Godineau, car cet escalier semble avoir envie de valser comme moi! mais heureusement nous n'allons qu'au second.

Les jeunes gens entrent dans une antichambre immense et d'une hauteur double de celle qu'on laisse aujourd'hui aux appartements modernes.

— Ah! par exemple, il faut venir au Marais pour trouver encore des pièces de cette hauteur! dit Godineau, c'était commode pour respirer, mais on devait y brûler considérablement de bois en hiver. Ah! voilà Labrie qui ramasse les morceaux d'un verre qu'il vient probablement de casser... ceci est un détail!... Labrie, annonce MM. Godineau et Dorcelle.

Le domestique ne bouge pas, il continue ce qui l'occupe en répondant :

— Ah! monsieur, je ne peux pas quitter, parce que si je laissais du verre cassé à terre, on pourrait marcher dessus et se couper...

— Très-bien, alors nous nous annoncerons nous-mêmes.

Ces messieurs pénètrent dans un vaste salon, dans lequel maintenant nos architectes tailleraient un appartement complet. Il y a beaucoup de monde dans cette pièce, où sont établies deux tables de jeu qui ne gênent nullement la circulation. Une petite dame toute ronde s'empresse de venir au-devant des deux jeunes gens, c'est madame Grosbœuf; elle a peut-être été jolie; mais maintenant ses deux joues cachent presque entièrement son nez, elles sont sur le point de se rejoindre, ce qui donne à son visage un aspect si drôlatique, qu'en regardant cette dame on se rappelle sur-le-champ les tableaux de *Courbet*.

Madame Grosbœuf fait à ces messieurs le plus gracieux accueil, et dit à Godineau :

— Vous cherchez des yeux mon mari?... Ne vous donnez pas cette peine! je serais moi-même bien embarrassée pour vous dire où il est! sans doute caché dans quelque coin, souvent même derrière des rideaux avec la personne qui fait son bézigue, il ne s'occupe nullement de son monde et ne mérite pas que la société s'occupe de lui; cet mour du bézigue le rend très-ridicule ; si je le laissais faire, messieurs, il y jouerait la nuit... C'est donc moi seule qui dois veiller à ce que chacun s'amuse chez moi... quelquefois je suis sur les dents... je ne sais où donner de la tête !... Excusez-moi donc si je ne vous tiens pas plus longtemps compagnie... mais voilà madame Millet qui arrive, elle est très-susceptible et, si je n'allais pas à sa rencontre, elle ne reviendrait jamais.

— Faites, madame, faites, ne vous occupez plus de nous... je suis un habitué de la maison, moi, je piloterai mon ami.

Madame Grosbœuf est allée recevoir la personne qui arrive. Dorcelle regarde les individus réunis dans le salon, et Godineau murmure à son oreille :

— Eh bien ! que pensez-vous de cette société... il y a de jolies demoiselles?

— Pas beaucoup !... Et elles ont toutes un air bien roide, bien empesé...

— Mon ami, c'est l'effet de la crinoline, cela donne à toutes les femmes un air qui veut dire : Ne m'approchez pas, vous allez remuer mes cerceaux !...

— Laissez-moi donc tranquille, je connais des crinolines qui n'ont pas peur de se laisser chiffonner !...

— Après cela, si vous avez cru trouver ici des femmes qui fument, vous vous êtes trompé ! Je ne vous avais pas promis cela !

— Mais non, je n'ai pas pensé cela, mon cher ; d'ailleurs, quand on cherche des femmes qui fument, on sait bien

où en trouver... Il n'y a donc pas moyen de saluer le maître de la maison?

— Puisqu'il se cache de sa femme pour jouer au bézigue!... Je vous assure que lorsque vous connaîtrez un peu
tout ce monde-là, vous vous amuserez beaucoup... Ah!
diable... voilà madame Cabochon qui me fait signe d'aller
lui parler; c'est une dame qui aime beaucoup à faire des
mariages... Vous permettez que je vous quitte un moment?...

— Allez, Godineau, allez trouver madame Cabochon,
et ne vous inquiétez pas de moi... J'aperçois déjà des
figures qui me promettent de l'amusement... d'ailleurs, au
mouvement qui se fait dans le salon, je devine que l'on va
faire de la musique.

En effet, les dames s'asseyent en demi-cercle devant le
piano, madame Grosbœuf invite les hommes à parler bas
et même à ne point parler du tout. Quant aux joueurs de
whist, on ne leur fait pas cette recommandation, on sait
que ce serait peine perdue; il faut qu'ils crient, qu'ils se
chamaillent, c'est leur manière de faire silence.

Une dame se place au piano, puis un monsieur armé
de son violon arrive en levant la tête comme s'il allait
attaquer un ballon. Ils exécutent un morceau, thème
obligé, avec beaucoup trop de variations. La partie de
piano ne fait qu'accompagner, le monsieur joue fort bien
du violon, mais il en joue trop fort; il attaque ses cordes
comme s'il voulait les battre; on comprendrait cette manière de jouer dans une salle de spectacle, mais dans un
salon, c'est à faire mal aux nerfs à un boxeur. Ce mon-

sieur-là devrait bien prendre des leçons de *Saenger* : quelle différence! Saenger vous fait l'écouter avec délices, et vous cause autant de plaisir que celui-ci vous agace.

Ce morceau terminé, une jeune personne de quatorze à quinze ans s'approche du piano, conduite par un monsieur dont le nez immense rappelle celui d'un ancien professeur bien connu.

Ce monsieur, qui est le papa de la demoiselle, s'arrête devant le piano, en criant :

— Eh bien! qui donc accompagnera ma fille? Elle s'accompagnerait bien elle-même, mais cela la gêne pour chanter et je tiens à ce qu'elle développe tous ses moyens.

Personne ne se présentait, Dorcelle se dévoue et va se placer au piano, en se disant : « Au moins, je ferai quelque chose. » Le papa de la demoiselle, après avoir adressé un doux sourire au jeune homme, se tourne vers la société, comme ces régisseurs qui viennent réclamer l'indulgence du public et annonce : *La Bergère attristée!*

Puis il ajoute en se souriant à lui-même :

— Paroles et musique de votre serviteur.

La jeune personne chante avec une petite voix grêle un premier couplet qui n'a rien de récréatif; les paroles valent la musique : c'est une bergère fort triste parce qu'elle a égaré son mouton, idée aussi neuve qu'ingénieuse. Le papa, qui se tient derrière sa fille, lui dit après le premier couplet :

— Donne donc plus de voix!

— J'en donne beaucoup, papa.

— Mais non, tu ne te développes pas.

— Je ne peux pas me développer davantage.

— Tu chantes bien plus fort que cela à la maison.
— Oh! mais non.
— Je te dis que si!

Ce petit dialogue intime forme un entr'acte qui n'est pas sans charme pour la société. La demoiselle chante son second couplet, pendant lequel le papa ouvre la bouche toutes les fois que sa fille ne soutient pas le son, ce qui ne parvient pas à produire l'effet qu'il attend. Au troisième couplet, la société semble aussi attristée que la bergère, tout le monde se regarde en soupirant.

Après le quatrième couplet, madame Grosbœuf se lève et court à la jeune fille en s'écriant :

— Très-bien, ma bonne amie, très-bien! et merci à monsieur qui vous a si bien accompagnée. Maintenant, M. Alexandre va jouer de la flûte.

— Mais ce n'est pas fini, dit le père de la chanteuse, il y a encore deux couplets... La bergère retrouve son mouton.

— Oh! je vous assure que c'est bien gentil comme cela! il vaut mieux qu'elle ne retrouve pas son mouton.

— Cependant... permettez...

— C'est l'avis de toutes ces dames, il faut que le mouton soit perdu. Monsieur Alexandre, vous nous avez promis des variations sur l'air des *Fraises*, nous vous attendons.

Dorcelle avait déjà quitté le piano. Le père et la fille se décident à en faire autant. La demoiselle très contente de ne plus chanter, le papa fort mécontent de ce qu'on n'ait pas entendu les deux derniers couplets de sa Bergère attristée.

Cependant Godineau est venu rejoindre son ami auquel il dit :

— On est enchanté de vous, vous touchez du piano, vous êtes un homme précieux!... Les dames vous prieront tout à l'heure de les faire danser...

— Ah! vous faites bien de me prévenir, je me tiendrai sur mes gardes.

— Pardon si je vous quitte encore, mais madame Cabochon me mitonne quelque chose qui me paraît avantageux... Il y aurait la soupe, le bœuf et une salade...

— Allez, mon cher, ne négligez pas cela.

— Vous vous amusez?

— Extraordinairement.

Après avoir fait quelques parties d'écarté, avec des joueurs qui ne risquent jamais plus de cinq sous, Dorcelle est accosté par le monsieur au long nez.

— Monsieur, permettez-moi de vous remercier d'avoir bien voulu accompagner ma fille...

— Monsieur, je suis enchanté si j'ai pu lui être agréable...

— Très-agréable, monsieur, vous êtes bon musicien, vous accompagnez parfaitement... ma fille me le disait tout à l'heure, en ajoutant « : Je voudrais bien être toujours accompagnée par ce monsieur-là... mon papa, tu devrais bien tâcher de te lier avec lui... et l'engager à venir chez nous... » Vous voyez que je n'y vais pas par quatre chemins !...

— Non monsieur !... on vous saisit tout de suite !

— J'ai répondu à ma fille : Ce monsieur doit être bien

recherché dans le monde !... Mais enfin, comme ma musique a paru lui plaire, peut-être cela le disposera-t-il en notre faveur... Comment trouvez-vous ma *Bergère attristée*?

— C'est charmant, monsieur, c'est digne de *Weber*.

— Eh bien ! monsieur, il faut que je vous conte ce qui m'a donné l'idée de cette chanson... j'étais allé passer quelques jours à la campagne pour ma santé, j'avais emmené ma petite fille qui avait alors six ans à peine, et qui était fort délicate; on ne s'en douterait pas à présent, mais elle a été longtemps chétive, j'ai eu de la peine à l'élever. On m'avait conseillé le lait d'ânesse pris sur les lieux, c'est-à-dire dans une ferme où il y aurait des ânesses... nous avons des fermes où il n'y a que des vaches...

Dorcelle commence à ressentir des inquiétudes dans les jambes. Il cherche dans sa tête comment il pourra se débarrasser de ce monsieur qui est de cette classe de gens qui ne finissent jamais leurs discours et ne s'aperçoivent pas de l'impatience de leur auditeur ; ces insupportables bavards sont un des désagréments les plus communs en société. Celui-ci continue:

— Je m'étais rendu à Morfontaine, charmant endroit; si vous le connaissez, je n'ai pas besoin de vous le décrire, si vous ne le connaissez pas, je vous engage à le visiter. Je n'étais pas précisément à Morfontaine, mais à un quart de lieue au-dessus, du côté d'Ermenonville, autre pays délicieux, habité longtemps...

— Par *Jean-Jacques Rousseau,* tout le monde sait cela... Mais votre chanson?

— J'avais donc trouvé des ânesses dans une espèce de ferme, habitée par de bonnes gens... quand je dis de bonnes gens !... le maître du logis s'était souvent livré devant moi à des accès de colère et alors il corrigeait rudement ses enfants ; il en avait quatre dont un bossu, et celui-là était le plus méchant...

— Monsieur, il n'est pas possible que tout cela soit dans votre chanson !

— Cela se tient, vous savez bien que dans la vie tout arrive par ricochets ; *Picard* a fait sur ce sujet une fort jolie pièce en un acte qu'il a fait jouer à l'Odéon lorsqu'il en était le directeur... En était-il directeur, alors ?

Dorcelle prend sa résolution, il quitte brusquement ce monsieur en lui disant :

— Pardon, mais mon ami m'appelle !... Et il va trouver Godineau auquel il dit :

— Comment appelez-vous ce grand monsieur long, maigre, bistré qui me parlait à l'instant ?

— L'auteur de *la Bergère attristée* ?

— Justement.

— C'est M. Ménélas.

— Eh bien ! mon cher, quand vous verrez M. Ménélas me parler, si vous ne venez pas sur-le-champ à mon secours, je ne vous revois de ma vie !

Madame Cabochon rit beaucoup de la sortie que Dorcelle vient de faire au sujet du poëte musicien. Elle dit à Godineau :

— Il est fort bien, votre ami... Que fait-il ?

— Il a vingt-cinq mille francs de rente, voilà ce qu'il fait.

— Oh ! mais, c'est joli, cela... et de la figure, du talent... il touche du piano... de l'esprit, peut-être ?

— Oh ! il n'y a pas de peut-être.

— Je le marierai très-facilement...

— Il ne veut pas se marier.

— Oh ! idée de jeune homme, mais il y viendra ; vous y venez bien, vous !

— Oui, j'y viens ; mais je n'y arrive pas !

— Chut ! on va jouer un morceau à quatre mains.

Deux jeunes personnes sont au piano ; celle qui fait la main gauche s'arrête à chaque instant, en disant :

— Je me suis trompée, je n'y suis plus... recommençons !... de sorte que le morceau se joue plusieurs fois au lieu d'une. Madame Grosbœuf s'écrie ensuite :

— Madame Rosalini va chanter... elle me l'a promis... c'est notre prima donna.

Cependant la prima donna, que tout le monde entoure, résiste aux sollicitations ; elle vient, dit-elle, d'être prise par un enrouement, elle demande du répit, elle a un chat dans la gorge et veut voir si cela se passera. Alors on voit M. Ménélas se rapprocher du piano et y pousser sa fille en disant :

— En attendant que le chat de madame soit parti, ma fille va vous chanter une autre romance ; je cherche ce monsieur qui l'accompagne si bien... c'est singulier, je ne l'aperçois plus !

Aux premiers mots de M. Ménélas, Dorcelle s'était caché derrière Godineau et madame Cabochon. Le grand monsieur, ne le voyant pas, reprend :

— Eh bien ! ma fille s'accompagnera elle-même ; allons, Flore, de l'assurance, chante *la Bergère désolée*. C'est également de moi.

— Mais qu'est-ce que les bergères ont donc fait à ce monsieur? dit madame Cabochon en regardant Dorcelle en souriant. — Celui-ci qui trouve qu'il s'est assez amusé, et ne se soucie pas d'attendre la nouvelle production de M. Ménélas, se hâte de gagner l'antichambre où il a laissé son chapeau ; il cherche à l'endroit où il l'avait posé, mais ne l'y voit plus ; après avoir fureté dans tous les coins sans le trouver, impatienté de ne pouvoir partir, il va se décider à prendre un feutre qui ne lui va qu'à peu près, lorsqu'une porte dérobée s'ouvre et un vieux monsieur, qui a l'air assez commun, paraît en se frottant les mains et va examiner les carafes de sirops ; Dorcelle court à cet individu, qu'il prend pour un domestique, en lui disant d'un ton brusque !

— Sapristi, qu'est-ce que vous avez fait de mon chapeau ? Pourquoi l'avez-vous ôté de l'endroit où je l'avais mis ?

Le vieux bonhomme sourit, et ouvre un placard, en disant :

— On en met là quelquefois !

— Eh ! oui, le voilà ! s'écrie Dorcelle qui vient de reconnaître son gibus et court s'en saisir en disant :

— Est-ce bête de cacher les chapeaux ainsi !

En ce moment, un monsieur, qui sortait du salon, va au vieux bonhomme ! et lui dit :

— Eh bien ! monsieur Grosbœuf, avez-vous été heureux ce soir au bézigue ?

— Oui, oui, j'ai fait le cinq cents !...

Dorcelle se sauve tout confus en se disant : « c'était le maître de la maison !... »

VI

LA MARQUISE ABELINO

Dorcelle était rentré chez lui de fort mauvaise humeur contre Godineau, mais il se console vite dans l'espérance que le lendemain le dédommagera de sa soirée chez M. Grosbœuf.

Sur les deux heures de l'après-midi, après avoir soigné sa toilette beaucoup plus qu'il ne le fait ordinairement, Adrien Dorcelle se rend chez le marquis Abelino, qui occupe un charmant petit hôtel dans la rue de la Chaussée-d'Antin ; un valet à livrée se présente ; le jeune homme ne demande naturellement que le marquis ; le valet semble indécis et répond qu'il ne sait pas si son maître est visible, mais Dorcelle lui donne sa carte et, après l'avoir fait passer dans un salon, le domestique va la porter. Au bout de fort peu de temps, le marquis paraît lui-même et court tendre la main à son visiteur.

— Bonjour, mon cher Dorcelle... que vous êtes aimable de venir me voir !... Mon domestique ne vous connaît pas encore, sans quoi il vous eût sur-le-champ introduit...

— Il n'y a aucun mal... Je viens peut-être un peu matin vous déranger...

— Matin... à deux heures... me prenez-vous pour une petite maîtresse !... Je suis matinal, dès huit heures du matin je travaille dans mon cabinet ; et ma femme elle-même a toujours fini sa toilette à dix heures... à propos de ma femme, je lui ai déjà parlé de vous ; je lui ai dit que j'avais retrouvé ici un ami que j'avais connu à Venise et pour lequel j'avais éprouvé sur-le-champ la plus vive sympathie... je ne sais si vous êtes comme moi, mon cher Dorcelle, mais je crois que l'amitié est comme l'amour ; on se sent sur-le-champ le cœur pris en apercevant la femme que l'on doit adorer ; on a tout de suite envie de presser la main de celui dont on doit être l'ami.

— Oui, marquis, je pense de même, et, cette sympathie que vous avez éprouvée pour moi, je l'ai ressentie également, je vous le jure. Seulement, en ma qualité de français, je ressens si souvent de la sympathie pour les jolies femmes que l'une me fait souvent oublier l'autre. Mais il n'en est pas de même en amitié ! celle-là, je la respecte, je lui suis fidèle ! car je me suis déjà aperçu que l'on pouvait être aimé de dix femmes avant de rencontrer un ami.

— C'est bien parler, cela... Oui, nous étions faits pour

nous connaître... je me félicite de nouveau de vous avoir retrouvé...

— Et ce qu'il y a de mieux, c'est que l'intérêt ne peut dans cette liaison nous guider ni l'un ni l'autre... je suis assez riche pour satisfaire mes folies ; je n'ai point d'ambition, et une position indépendante a toujours été mon unique désir. Vous, marquis, vous êtes riche aussi... vous avez épousé une femme que l'on dit charmante, vous êtes donc parfaitement heureux.

— Oui... oui... je suis heureux... mais pas encore autant que je le voudrais...

— Comment ! il y a un nuage dans votre ciel ?

— C'est que, moi, attaché à une ambassade, je ne suis pas aussi indépendant que vous !... Par exemple, je suis assez souvent obligé de m'absenter de Paris... et je ne puis emmener ma femme avec moi... ce serait un dérangement continuel, et puis en diplomatie les femmes gênent quelquefois.

— Eh bien ! pourquoi n'envoyez-vous pas au diable vos places, vos emplois ?... Est-ce que votre fortune ne vous suffit pas ?

— J'ai soixante-mille francs de rente ! c'est plus que je ne dépense. Mais que voulez-vous... issu d'une grande famille, je ne puis me défendre d'un peu d'ambition.., je puis parvenir à quelque poste important...

— *Ambitio perdidit hominem !*... Mais non, chacun doit suivre sa vocation. Vous désirez les grandeurs... elles vous arriveront... moi, je ne recherche que les plaisirs et jusqu'à présent je n'en ai point manqué. Nous avons à

Venise fait quelquefois ensemble d'assez joyeuses parties; mais maintenant vous voilà marié, vous êtes sage.... vous n'aurez plus d'intrigues... je n'aurai plus vos confidences à recevoir.

— En revanche, j'espère, mon cher Dorcelle, que vous me prendrez toujours pour votre confident... vous savez que je vous ai quelquefois donné d'assez bons conseils?...

— Oui, vraiment; oh ! vous autres espagnols, vous vous entendez parfaitement à conduire une intrigue amoureuse... soyez tranquille, dans un cas difficile, j'aurai recours à vous.

— Et maintenant je vais vous présenter à ma femme...

— Volontiers, si toutefois vous pensez que cela ne contrariera pas madame...

— Bien au contraire, elle sera charmée de vous connaître... attendez, je vais la faire prévenir.

Le marquis sonne : une jeune fille paraît, il l'envoie prévenir sa maîtresse ; puis conduit son ami dans un autre petit salon, meublé avec une coquetterie et une élégance qui annoncent que le goût d'une femme a passé par là.

— Ceci est le salon favori de la marquise, dit Abelino, c'est ici qu'elle se plaît... aussi voyez quelle profusion de fleurs !...

— L'air en est embaumé ! ces dames veulent nous enivrer de parfums.

— Oui, même lorsqu'elles ne cherchent plus à nous enivrer d'amour... Ce qui prouve que les femmes veulent toujours porter le trouble dans nos sens.

Une porte s'ouvre et la marquise paraît. C'est une femme qui peut avoir vingt-trois à vingt-quatre ans ; sa taille est élevée, sans pourtant dépasser cette hauteur où l'on est encore gracieuse ; svelte, bien prise, assez potelée pour ne point être maigre, et assez mince pour ne point être grosse, la marquise laisse voir une croupe légèrement accusée qui dit assez que la crinoline n'a pas besoin de passer par là. Ce corps, à la fois souple et élégant, est alors renfermé dans une robe de soie couleur gris perle, qui a la forme d'une robe d'amazone, monte jusqu'au col, boutonne hermétiquement sur la poitrine, mais dessine parfaitement la gorge, la taille et tout ce qui s'ensuit. Un petit pied bien cambré et chaussé de bottines en soie de la même couleur se montre à peine sous cette robe qui traîne un peu par derrière.

La marquise est brune. Ses cheveux noirs, enroulés avec art et formant un immense nœud derrière sa tête, ont un brillant qui éblouit. Ils sont cependant un peu cachés par une résille ponceau, mais deux grosses boucles s'en échappent de chaque côté et encadrent fort bien un visage ovale, de grands yeux bleus à la fois tendres et langoureux, un nez grec, une bouche moyenne et sérieuse ; quant au front, il est caché sous une touffe de cheveux et un petit voile de dentelle noire qui est jeté négligemment sur tout cela, de manière à retomber jusque sur des sourcils bruns assez peu fournis, mais bien arqués.

Dorcelle ne peut se défendre d'un certain trouble à l'aspect d'une femme aussi séduisante. Il la salue respectueusement tout en murmurant à l'oreille du marquis :

— Polydore n'avait point flatté le portrait... votre femme est ravissante.

La marquise a fait une révérence très-gracieuse à l'ami de son mari, tandis que celui-ci lui dit :

— Ma chère Fidélia, je vous présente M. Adrien Dorcelle : c'est lui dont je vous ai parlé souvent. Nous nous étions trop tôt quittés à Venise, mais nous nous retrouvons à Paris, et l'accueil qu'il recevra ici lui prouvera que nous désirons le regarder autrement que comme une simple connaissance.

— Monsieur, ce sera toujours avec le plus grand plaisir que je recevrai les personnes qui vous plaisent, répond la marquise en s'adressant plutôt à son mari qu'à Dorcelle. Celui-ci, un peu surpris d'abord du ton cérémonieux avec lequel cette dame parle à son mari, comprend bientôt qu'il n'est plus chez M. Grosbœuf, et que le langage change suivant les personnages.

L'organe de la marquise a aussi frappé Dorcelle : c'est une de ces voix de contralto qui sont un peu voilées, mais dont la vibration vous fait éprouver une sensation agréable, de ces voix rares chez les femmes.

La belle marquise s'est assise sur une causeuse. Dorcelle et le marquis se sont jetés sur des fauteuils; un moment de silence règne entre ces trois personnes, mais Abelino reprend bientôt la parole. Le marquis avait de l'esprit, une élocution facile et piquante, on aimait à l'entendre ; il était du petit nombre de ces causeurs que l'on écoute sans fatigue, parce qu'ils sont toujours prêts à vous écouter aussi, et que, dans leurs causeries, ils semblent vous provoquer à répondre.

La marquise souriait de temps à autre aux plaisanteries dont son époux assaisonnait ses récits, mais elle semblait vouloir se borner à écouter. Dorcelle mêlait quelques réflexions aux historiettes du marquis; mais, bien qu'il l'écoutât, il était distrait, et ses regards se reportaient souvent sur cette femme à la fois belle et jolie qui était devant lui; il cherchait à saisir sur sa physionomie une expression qui fit un peu deviner sa pensée, mais cela était difficile; et puis ce petit voile de dentelle jeté sur sa tête cachait trop son front pour que l'on pût y lire; ce maudit voile retombait même quelquefois jusque sur les yeux : alors il est vrai que la belle dame le repoussait avec sa main, mais elle le repoussait avec tant de négligence qu'il ne tardait pas à revenir encore, comme s'il avait eu mission de cacher un si charmant visage.

Abelino ayant cessé de parler, Dorcelle s'écrie :

— Mais à propos, madame ignore peut-être l'accident arrivé hier au bois, et dont elle a été la cause sans s'en douter ?...

— Un accident est arrivé hier au bois, et à qui donc? demande le marquis.

— A un jeune homme que vous connaissez et que vous avez vu hier avec moi au café... à Polydore; il est tombé de cheval.

— Ah ! ce pauvre jeune homme ! dit la marquise avec un ton de voix si singulier qu'on n'était pas certain si elle plaignait le tombé ou si elle se moquait de lui.

— Est-il blessé? demande le marquis.
— Non, presque rien, une écorchure au nez, voilà tout.
— Et comment suis-je cause de cela? dit la marquise en reprenant un air presque grave.
— Je vais vous l'expliquer, madame : hier, en causant avec nous au café où étaient Polydore et un autre de mes amis, monsieur votre époux nous quitta en nous disant qu'il allait faire avec vous une promenade au bois. A peine était-il éloigné que Polydore nous quitta aussi, en nous annonçant qu'il allait monter à cheval et se rendre au bois afin d'avoir le plaisir de vous y rencontrer; c'était en quelque sorte nous défier et nous dire : « Je serai plus heureux que vous, messieurs, car je vais voir dans quelques instants une dame charmante que vous voudriez bien connaître aussi. » Et en effet, madame, d'après le portrait que l'on m'avait fait de vous, j'avoue que je brûlais du désir de vous présenter mes hommages; comme, chez moi, une résolution est aussi vite exécutée que formée, je dis à mon ami : « Allons prendre des chevaux, rendons-nous au bois et rejoignons Polydore. » Tout cela fut fait promptement. Polydore n'est pas difficile à rattraper ! le pauvre garçon est bien mal à son aise sur un cheval ! il me fit de la peine et j'étais presque honteux de me montrer au bois en société d'un cavalier aussi ridicule !.. Je le quittai bientôt, parce que cela m'ennuyait de n'aller qu'au pas, mon ami en fit autant; mais, au bout de quelques minutes, nous vîmes accourir sa petite jument veuve de son cavalier; cela nous fit deviner ce qui venait de se passer; en effet, nous trouvâmes Polydore à

terre, et son petit groom également couché près de lui...

— Ah! ah! ah! comment le jockey aussi?

— Oui, madame; mais comme le petit drôle monte bien, je pense qu'il était tombé par politesse et pour tenir compagnie à son maître.

— Ah! ah! le tableau devait être comique!

La belle marquise rit de bon cœur, ce qui permet à Dorcelle de remarquer qu'elle a de jolies dents et que son sourire donne un tout autre aspect à sa physionomie.

— Enfin, vous avez ramené le pauvre garçon chez lui? demande le marquis.

— Oh! tranquillisez-vous, mon cher, ce diable de Polydore qui, après tout, est fort bien de sa personne, rencontre toujours quelque dame qui s'intéresse à lui. Cette fois, c'est madame de Bréville dont le coupé s'est arrêté devant le lieu témoin de l'accident; en apercevant Polydore à terre, cette dame s'est empressée de le faire monter dans sa voiture et l'a emmené, ce qui a dû consoler de sa chute le maladroit cavalier.

— Ah! madame de Bréville a emmené le blessé... c'est fort bien de sa part!... C'est une bonne action qui lui fera pardonner quelques-unes de ses méchancetés; car, si vous la connaissez, vous devez savoir que cette dame n'aime pas moins à en dire qu'à en faire.

— Oui, je me suis trouvé quelquefois avec elle dans le monde, où sa réputation est parfaitement établie.

— En vérité, monsieur, dit la marquise qui a repris son air sérieux, je suis désolée d'avoir été cause, sans m'en douter, de l'accident arrivé à M. Polydore de Nanterre, mais je crois qu'il doit être sujet à de telles chutes; nous l'avons aperçu quelquefois au bois, et vraiment il ne sait pas se tenir à cheval.

— C'est un fort beau cavalier... mais à pied seulement, dit le marquis en riant. Je le crois galant homme, mais ce n'est pas à cheval qu'il fera son chemin. Il nous a été amené ici par cette même dame de Bréville... J'ignore si elle a cru nous faire une méchanceté, mais je ne crois pas ce jeune homme dangereux... Qu'en dites-vous, Fidélia?

— Oh! je suis entièrement de votre avis! C'est un fat et un sot, pas autre chose.

— Pauvre Polydore! se dit Dorcelle, si tu entendais comme cette dame t'arrange, tu en serais probablement moins enthousiasmé!

Après avoir encore causé quelques instants, Dorcelle prend congé de la marquise et de son mari. Il s'éloigne en se disant:

— Oui, cette dame est très-belle; mais quel dommage qu'elle ne rie pas plus souvent! car alors... c'est une tout autre physionomie .. Oh! alors... ce serait à en perdre la tête... à oublier qu'elle est la femme de notre ami... et c'est ce qu'il ne faut pas oublier.

VII

SOIRÉE A LA CHAUSSÉE D'ANTIN

Deux jours après, c'était soirée chez le marquis, et Porcelle n'a garde d'y manquer; car, tout en se disant qu'il ne faut pas penser à la femme de son ami, le jeune homme ne peut s'empêcher de rêver souvent à la belle Fidélia. Il n'a certes pas l'idée de chercher à lui plaire, mais il se dit que celui qui serait aimé d'elle deviendrait un heureux mortel. Puis il réfléchit et pense que cet heureux mortel c'est son mari, le sieur Abelino.

Cependant, quoiqu'il cherche à croire cela, il n'en est pas bien persuadé; le ton presque cérémonieux avec lequel cette dame parle à son époux, n'est pas celui d'une femme s'adressant à l'homme qu'elle aime, dont elle n'est compagne que depuis peu de temps.

Abelino est pourtant fort bien, il a encore tout ce qui peut séduire une femme; pourquoi la sienne ne l'aimerait-elle pas? Est-ce qu'on sait !... Justement peut-être parce qu'elle est sa femme. Et puis, est-ce un mariage d'amour ou de convenance, ou de raison?... Voilà encore ce qu'il faudrait savoir; et là-dessus l'ami n'a fait aucune confidence à son ami.

Dorcelle attend, cette fois, que la soirée soit un peu avancée pour se rendre chez le marquis; il veut trouver sur-le-champ la société rassemblée pour faire, à part lui, ses observations et ses remarques... on est bien plus à son aise et libre de soi dans un salon où il y a beaucoup de monde que dans une petite réunion presque intime. Et en effet, lorsqu'il arrive chez le señor Abelino, il y avait foule dans ses salons. Là se trouvaient beaucoup d'hommes politiques, des personnages occupant de hauts emplois, quelques écrivains, quelques artistes à renom, puis enfin ces riches désœuvrés qui se glissent partout, heureux de trouver l'emploi de leur temps.

Dans un salon on jouait, dans un autre on faisait de la musique, dans un troisième plus petit et seulement éclairé par un globe d'albâtre, on ne faisait rien que causer... mais c'était peut-être dans celui-là qu'on faisait le plus de choses. Il y a des causeries qui préparent de grands événements.

Les hommes étaient en grande majorité, ils occupaient seuls le salon de jeu; en revanche, il y avait toujours deux ou trois dames assises dans le petit salon où ne régnait qu'un jour bien doux, ce qui reposait les yeux de l'éclat des lumières placées avec profusion dans le salon de musique.

Après avoir serré la main du marquis, Dorcelle pénètre dans le salon de musique où se tient la marquise. Elle est assise sur un divan et devant elle posent plusieurs beaux messieurs qui, naturellement, sont en train de lui faire la cour, ou tout au moins de tâcher de faire devant elle preuve d'esprit et d'amabilité. Mais l'objet de leur culte semble les écouter avec assez d'indifférence, on pourrait presque dire d'ennui. La marquise a une fort belle toilette, mais ses magnifiques cheveux noirs retombent avec tant de profusion sur son front qu'ils le cachent entièrement et font cette fois l'office du petit voile de dentelle.

Dorcelle se demandait comment il arriverait jusqu'à la marquise, si bien bloquée par ses adulateurs ; mais la belle Fidélia l'a aperçu, et, quittant sa place au risque de laisser un de ses courtisans au milieu d'un madrigal composé en son honneur, elle vient elle-même au-devant de lui.

Comme cette dame n'avait pas l'habitude de se déranger pour les hommes qui arrivaient, cette faveur cause un grand émoi parmi tous ces beaux messieurs qu'elle venait de quitter si brusquement. Tous regardent avec curiosité la personne qui vient d'entrer et qu'ils n'ont point encore vue chez le marquis Abelino. Et comme Dorcelle est fort joli garçon, que sa tournure est distinguée, qu'il se présente avec cette aisance que donne l'habitude de la bonne compagnie, un certain dépit paraît sur beaucoup de visages qui murmurent entre eux :

— Quel est donc ce monsieur ?

— D'où vient-il ? on ne l'a pas encore vu ici !

— Et la marquise va au-devant de lui... C'est donc un homme en place?... Un homme puissant?... Un haut personnage?...

— Rien de tout cela, dit Polydore qui se trouve dans ce groupe de courtisans. C'est tout bonnement Adrien Dorcelle, un de mes amis intimes, qui est très-riche, pas tant que moi, cependant, et qui revient de voyages, pendant lesquels il a fait la connaissance du marquis.

— Ah ! ce n'est que ça !

— Pourquoi donc alors la marquise va-t-elle au devant de ce monsieur ?

— Parce que... ma foi... demandez-le-lui !

— Ah ! vous êtes aimable d'être venu, dit Fidélia, en tendant sa main à Dorcelle, manière de s'aborder adoptée maintenant par les dames à l'instar des Anglaises, et qui a pris racine chez nous; ce dont il faut féliciter les dames, si cela remplace entre elles ces insipides embrassades qui n'en finissaient plus et étaient également assommantes pour les embrassées et les embrasseuses.

Dorcelle a pressé dans la sienne cette main qu'on lui a tendue, et répond :

— Ce n'est pas être aimable que de venir vous voir, c'est tout simplement être égoïste et vouloir se procurer un bien vif plaisir.

— Ah ! mon Dieu ! est-ce que vous allez aussi me faire les compliments !... Je vous avoue que j'en ai par-dessus la tête, et que cela me ferait bien plaisir de rencontrer enfin quelqu'un qui ne m'en fit pas.

— S'il faut cela pour vous être agréable, madame, je ferai en sorte de m'en abstenir. Cependant en vous disant que je me procurais un grand plaisir en venant ici, je ne disais que la vérité.

— Soit ! passe pour cela ; d'ailleurs, cela peut s'adresser aussi bien à mon mari qu'à moi !... Aimez-vous la musique ?

— Beaucoup.

— Chantez-vous ?

— Un peu... mais vous, madame, avec votre voix sonore, grave, vous devez chanter divinement.

— J'ai peut-être chanté assez bien autrefois, mais je ne chante plus.

— Quelle plaisanterie ! A votre âge... vous n'avez pas perdu votre voix.

— Je vous dis, monsieur, que je ne chante plus. Ah ! voilà madame de Bréville... une femme qui m'exècre, j'en suis sûre. Mais nous allons échanger des compliments... enfin, puisque l'usage le veut ainsi !...

— Et pourquoi cette dame vous exècre-t-elle ?

— D'abord parce que je crois qu'elle exècre tout le monde ! Ensuite... Oh ! mais ce serait trop long à vous dire maintenant !

La marquise va recevoir la baronne de Bréville. Polydore s'est approché de Dorcelle en se donnant un air protecteur.

— Bonjour, cher, comment va ce soir ?

— Bonjour, cavalier, je vais très-bien, moi, et ton nez, à toi, est-il remis de ta chute?

Le jeune gandin devient pourpre, il balbutie :

— Mon nez... mais il me semble qu'on peut bien voir qu'il est guéri!...

— Mais non, tu te trompes; je t'assure qu'il est encore enflé!... Enfin une dame t'a pris sous sa protection et remisé! tu es un heureux mortel.

— Je m'en flatte... d'autant plus que cette dame est une baronne...

— Oui, oui, nous savons cela... Tiens, la voilà, ta baronne, qui échange des phrases de rigueur avec la maîtresse de la maison.

— Ah! oui, je savais bien qu'elle viendrait ici ce soir, elle me l'avait dit...

— Mauvais sujet... tu veux nous donner à entendre que c'est un rendez-vous... et qu'on vient ici pour toi!...

— Je ne dis pas cela!... Mais après tout, qu'y aurait-il là d'étonnant?... Est-ce que tu ne me crois pas susceptible de faire des conquêtes?...

— Oh! si fait! et surtout celle-là... Du reste, mon petit Polydore, je reconnais que tu n'as pas flatté le portrait que tu nous avais fait de madame Abelino!... Elle est ravissante!...

— Pardieu! je m'y connais et je sais ce que je dis!... Elle t'a déjà tourné la tête, je gage?

— Oh! non... on ne me tourne pas la tête si vite!...

— Quant à moi, je ne cache pas que je me mets sur les rangs pour faire sa conquête!...

— Tu as parfaitement raison de t'y mettre !... Rien ne t'empêchera même d'y rester ; mais ta baronne, que dira-t-elle de cela ?

— Chut ! silence... la voici qui vient nous parler.

Madame de Bréville s'approchait en effet de Polydore ; mais, en apercevant Dorcelle, elle s'écrie :

— Tiens !... Monsieur Dorcelle... Ah ! par quel hasard à Paris, et chez le marquis Abelino ?...

— Madame, je ne suis pas ici par hasard ; j'ai assez voyagé, je reviens à Paris, c'est tout naturel. Je suis chez le marquis Abelino, parce que j'avais fait sa connaissance à Venise et que quelque chose nous attirait l'un vers l'autre. Tout cela, madame, ne m'aurait pas empêché de vous saluer au bois, si vous n'aviez pas disparu bien vite, en enlevant Polydore dans votre voiture.

— Ah ! ah ! Bah ! vous étiez là !... Il fallait donc vous montrer, je vous aurais enlevé aussi !...

— Mais, moi, je n'étais pas tombé, madame.

— Vous croyez donc que je ne relève que les blessés ?... Oh ! vous êtes un franc mauvais sujet, vous.

— Vous me faites trop d'honneur, baronne !

— Vous arrivez bien tard, madame la baronne ? dit Polydore impatient de rompre cette conversation.

— J'arrive quand il me plaît, monsieur, et il me semble que ce ne sont pas vos affaires... Ah ! voilà madame Saint-Brie. Dieu ! comme elle est mal coiffée ! ce soir !... Où a-t-elle décroché ce turban !... Je vais aller lui dire qu'elle est ravissante !

Madame de Bréville a quitté les deux jeunes gens, lais-

5.

sant Polydore tout penaud de la manière peu aimable avec laquelle elle lui a répondu, et Dorcelle riant de la figure que fait le beau gandin.

— Elle a quelque chose ce soir ! s'écrie enfin Polydore; elle aura remarqué que je regardais beaucoup mademoiselle de Monbrun... cette jolie blonde là-bas... ça l'aura fâchée... Elle est horriblement jalouse, cette baronne... mais si elle croit que pour lui plaire je n'oserai plus regarder les autres dames... oh ! non... Oh ! les femmes !... Tant pis, je vais aller m'asseoir près de mademoiselle de Monbrun !...

Dorcelle a trouvé dans la réunion plusieurs personnes de sa connaissance avec lesquelles il a causé ; on lui demande des détails sur ses voyages ; on veut absolument qu'il ait eu des aventures piquantes, originales : on lui en demande le récit ; il déclare que ses seules aventures sont des bonnes fortunes, des intrigues d'amour et que le récit ne peut intéresser que ceux qui y jouaient un rôle. Une vieille comtesse insiste pour qu'il les conte, en disant que les intrigues amoureuses l'amusent toujours. Mais madame Abelino vient au secours de Dorcelle, en le priant de chanter quelque chose ; celui-ci ne demande pas mieux, car l'insistance de la vieille comtesse commence à le fatiguer.

Dorcelle avait une fort jolie voix, douce, tendre, sympathique, une voix enfin telle qu'en possédait ce pauvre *Achard* qui débuta au Palais-Royal dans le *Commis et la Grisette* et mourut, encore dans toute la plénitude de son talent. Ces voix-là ont un charme indéfinissable, elles vont à l'âme, et nous comprenons très-bien qu'un homme lui doive de nombreuses conquêtes ! elles feraient aimer un individu laid, à plus forte raison un joli garçon.

Dorcelle obtenait d'autant plus de succès qu'on était loin de s'attendre à entendre chanter avec autant d'âme et de goût un jeune homme qui paraissait fort gai, fort étourdi, et qui ne se posait nullement en virtuose.

Pendant tout le temps que le jeune homme a chanté, la belle Fidélia ne l'a pas quitté des yeux ; elle a d'abord paru surprise, puis charmée et comme plongée dans une douce rêverie ; elle ne répond même pas à quelques-uns de ces messieurs placés près d'elle, qui voudraient probablement lui faire oublier le chanteur.

— Bravo ! mon cher ami, dit le marquis à Dorcelle qui vient de quitter le piano. J'ai entendu fort bien chanter en Italie, mais jamais aucune voix ne m'a fait autant de plaisir que la vôtre ; d'autant plus que je ne suis pas très-amateur de toutes ces *fioritures* dont les Italiens ont l'habitude de parsemer leur chant. Les roulades peuvent être bonnes pour prouver ce que l'on est en état de faire... Mais toujours des roulades ! c'est bien fatigant pour les oreilles et cela n'arrive jamais au cœur, tandis qu'il suffit souvent d'une seule phrase bien sentie, bien modulée, pour captiver notre cœur et le faire battre délicieusement.

Dorcelle se dispose à passer dans le salon où l'on joue, lorsqu'on passe un bras sous le sien en lui disant :

— Venez donc un peu causer avec moi, beau chanteur, j'ai une foule de choses à vous dire.

C'est madame de Bréville qui vient de s'emparer du bras de Dorcelle et l'emmène dans le petit salon au demi-jour ; là, elle s'assied sur un divan en lui disant :

— Mettez-vous là, à côté de moi... ici on peut causer à son aise... Oh! ne craignez rien! je ne suis pas tombée amoureuse de vous en vous entendant chanter, et je ne veux pas vous faire une déclaration.

Dorcelle ne peut s'empêcher de rire, mais il obéit à cette dame, en murmurant :

— Me voici à vos ordres, madame, et sans aucune crainte! Je ne suis pas un second Polydore, qui croit toujours qu'il a fait une conquête...

— Oh! laissons-là cet imbécile et dites-moi, comment la trouvez-vous ?

— Qui cela, madame ?

— De qui voulez-vous que je vous parle si ce n'est de la reine de ce séjour !... de la superbe... de la divine marquise Abelino !... Ils en feront bientôt une divinité!

— Ah! c'est de la marquise... Mais, madame, je la trouve ce qu'elle est en effet, fort belle, fort gracieuse... j'en ai fait compliment au marquis.

— Vous lui en avez fait compliment, je le conçois ! Vous êtes toujours enchantés, vous autres messieurs, quand vos amis épousent une jolie femme... Mais voyons... entre nous, est-ce que vous ne trouvez pas un drôle d'air à cette marquise qu'Abelino nous a ramenée... je ne sais d'où... et qu'il a épousée .. je ne sais comment... D'abord je croyais bien qu'il ne l'avait pas vraiment épousée...

— Ah ! madame !...

— Qu'est-ce qu'il y aurait eu là d'étonnant... les faux mariages sont très-communs dans le monde et même dans le grand monde !... Mais, enfin, je sais que cette dame est réellement sa femme, il a dû montrer son contrat de mariage à son ambassadeur... qui sans doute doutait un peu du fait. Car, je le répète, où a-t-il été chercher cette femme-là ?...

— Mais à Naples, m'a-t-il dit.

— Ce n'est pas vrai, il ne s'est pas marié à Naples ; j'y ai fait prendre des informations !

— Ah ! vous teniez donc beaucoup à être renseignée ?

— Oui, certes, j'y tenais... je n'aurais pas souffert qu'Abelino présentât dans notre monde une femme qui n'aurait été que sa maîtresse !

— Enfin puisque vous avez la certitude qu'elle est bien sa femme, vous êtes tranquille maintenant ?

— Une Française... avoir été chercher une Française en Italie... singulière idée ! Qu'y faisait-elle, en Italie, cette Française... le savez-vous ?

— Moi, madame ?... Je ne me serais pas permis de faire au marquis une telle question !

— Mais puisque vous êtes si bons amis, il aurait pu vous faire des confidences...

— S'il m'en avait fait, madame, je vous prie de croire que je les garderais pour moi !

— Superbe !... Magnifique... on dit toujours cela quand on ne sait rien. C'est égal, vous ne m'empêcherez pas de trouver que cela fait une drôle de marquise... elle a l'air de jouer un rôle... son maintien... son parler, tout cela est affecté, rien n'est naturel !

— Je ne trouve pas cela, moi !

— Oh! vous ne trouvez pas cela, parce que vous en êtes déjà amoureux, je le gagerais !

— Ah! madame, qu'allez-vous penser là !...

— Mais une chose toute simple, toute naturelle, de ces choses qui arrivent tous les jours !

— D'abord, le marquis est mon ami.

— Raison de plus !

— Ensuite, si j'avais le malheur de devenir amoureux de sa femme, qu'en arriverait-il? c'est que j'en serais pour mes soupirs ! Et je vous avouerai que je n'aime pas à perdre mon temps et mes soins.

— Hum !... Vous ne pensez pas ce que vous dites-là! Mais voulez-vous que je vous apprenne une chose, moi?

— Je vous écoute, madame.

— Eh bien! c'est que vous ne soupirerez pas inutilement... la marquise vous aime... ou vous aimera bientôt, j'en suis certaine, je ne l'ai pas perdue de vue pendant que vous chantiez... Elle était en extase !... Et, ces extases-là... on sait où cela mène une femme.

— Oh! madame, vous voulez vous amuser à mes dépens !

— Nullement, je veux vous éclairer afin que vous soyez plus vite heureux, voilà tout !...

— Vous êtes trop bonne, madame, de vous intéresser ainsi à mon bonheur !

— Oh! ne me remerciez pas! ce n'est pas ce motif qui me guide!...

— J'en étais persuadé d'avance!

— Je vous dis que vous plaisez à la belle Fidélia, que vous lui plaisez déjà beaucoup!... Oh! vous pouvez me croire, j'ai une expérience qui ne se trompe jamais, et c'est surtout sur mon propre sexe que j'ai fait mes études... Quant au vôtre, on n'a pas besoin d'étudier pour voir très-vite ce que vous valez!

Dorcelle se lève, en disant à la baronne :

— Vous me permettrez, madame, de prendre tout ceci pour une plaisanterie!... Décidément, vous me traitez comme un second Polydore... Je vois que mes voyages m'ont fait perdre beaucoup dans votre esprit. Je tâcherai de me rattraper.

La baronne regarde le jeune homme s'éloigner, en se disant :

— Il feint de ne pas me croire! mais dans le fond de son cœur il est enchanté de ce que je lui ai dit, et il agira en conséquence. Oh! cette femme! cette Fidélia!... je la hais! je la déteste!... Je veux la perdre, et je la perdrai...

En s'éloignant de madame de Bréville, Dorcelle passe dans le salon de jeu; après avoir fait quelques parties de baccara, il revient dans la pièce où se tient la marquise, il la cherche des yeux et il éprouve un certain trouble lorsqu'elle lui fait signe de venir près d'elle. La baronne avait raison, ses paroles avaient atteint leur but... Ce qui touche l'amour-propre ou la vanité y arrive toujours.

— Eh bien! dit la belle Fidélia en souriant à Dorcelle,

vous venez d'avoir un long tête-à-tête avec la baronne. Soyez franc, convenez qu'elle vous a dit du mal de m[oi]

— Oh! madame, on ne doit pas dire de mal de vo[us] seulement j'ai pu m'apercevoir en effet que cette dam[e ne] vous aimait pas...

— Je vous ai déjà dit qu'elle m'exècre !

— Oui, mais vous ne m'en avez pas dit la cause; et [j'a]voue que je serais bien curieux de le savoir.

— Mon Dieu, c'est bien simple : la baronne était de[puis] longtemps amoureuse de M. Abelino, elle espérait [se] faire épouser...

— Mais elle n'est pas jolie cette dame, avec son re[gard] qui semble vouloir nous transpercer ; comment pouv[ait-] elle espérer faire la conquête du marquis?

— Elle est riche... fort riche!... Elle est liée avec [des] personnages haut placés... Tout cela pouvait faire p[en]cher la balance en sa faveur... car le marquis a de l'[am]bition... Mais j'ai détruit toutes ses espérances, l'a[mour] l'a emporté sur l'ambition... le marquis m'a épous[ée,] voilà ce qu'elle ne me pardonne pas, ce qu'elle ne [me] pardonnera jamais.

— Oh! très-bien, je comprends tout à présent!

— Vous comprenez tout! Ceci me prouve que j'a[vais] raison en supposant que cette dame ne m'avait pas é[par]gnée près de vous...

— Oh! je ne voulais pas dire cela...

— Mais je vous certifie que cela ne me cause auc[une] peine... Cette pauvre baronne ne saurait se consoler [de] ne pas être marquise! Eh bien ! laissons-la se désoler[...]

mon mari la connaît, il sait ce qu'elle vaut; et tout ce qu'elle pourra dire de moi n'aura aucune influence sur son esprit. A propos, savez-vous que vous chantez très-bien? Vous avez un joli timbre de voix; avec cela de l'âme, du goût...

— Vous me flattez, madame!

— Moi! Et pourquoi vous flatterais-je?... Au reste, on a dû vous faire souvent de pareils compliments... Il y a mieux, tenez, je parierais que votre voix vous a fait faire de nombreuses conquêtes... n'est-ce pas?

— Madame, j'ai beaucoup d'amour-propre... et si j'ai été heureux près de quelques dames, je me suis toujours figuré que je l'aurais été de même sans qu'elles m'entendissent chanter.

— Oh! vous éludez ma question!... Mais, moi, je sais quelle est la puissance d'une jolie voix sur certaines organisations...

— Et, moi, vous ne m'ôterez pas de l'idée que vous devez chanter comme un ange!

— Autrefois peut-être, c'est possible; mais plus à présent.

— Et pourquoi?

— Ah! vous êtes trop curieux!

Et la belle Fidélia quitte Dorcelle en lui jetant un regard dans lequel il y avait tant de choses, que l'homme le plus vaniteux aurait eu de la peine à s'y retrouver. Le jeune homme sort de chez son cher ami Abelino le cœur tout palpitant par ce qu'il y a vu et entendu. L'image de la belle marquise est sans cesse présente à sa pensée, il s'en impatiente lui-même, il veut éloigner ce souvenir; mais alors ce sont les discours de la baronne qui lui reviennent à l'esprit, il se rappelle l'assurance avec laquelle cette dame lui a dit : « Vous plaisez à la marquise ! » et il ne peut s'empêcher de se dire : « Si cela était vrai pourtant ! »

Pour éloigner toutes ces idées, Dorcelle a été quatre jours sans retourner chez Abelino; il compte prolonger encore cette privation qu'il s'impose, lorsque le cinquième jour il rencontre le marquis sur le boulevard; celui-ci s'empresse d'aller lui presser la main, en lui disant :

— Que devenez-vous donc... on ne vous voit plus? Est-ce ainsi que vous renouvelez notre connaissance?

— Excusez-moi, marquis, mais... des affaires...

— C'est-à-dire des bonnes fortunes ; il fallait au moins venir me les confier... mais vous m'avez retiré votre confiance!...

— Non, je vous jure !...

— Moi, je suis enchanté de vous rencontrer aujourd'hui, je puis vous serrer la main avant mon départ.

— Vous partez?

— Demain matin.

— Pour longtemps?

— Oh! non, quinze jours, vingt jours tout au plus.

— Et... et madame?

— Je vous ai dit que je ne l'emmenais jamais... Voyage pour affaires, mission importante! les femmes ne doivent point être immiscées là-dedans!

— Cela doit bien vous contrarier de vous en séparer si souvent?

— Hum! mon cher, dans les premiers temps de mon mariage, oui, cela me déplaisait fort; mais l'amour est un feu qui a besoin d'être souvent tisonné. La monotonie l'éteint quelquefois, et, maintenant, ces absences fréquentes, mais courtes, ne me font éprouver que plus de plaisir à me retrouver près de Fidélia.

— Alors, comme dit *Pangloss*, je vois que tout est pour le mieux.

— Ah! permettez! n'allez pas croire que je sois toujours de l'avis de ce docteur!.. Mais vous m'avez l'air préoccupé, mon cher Dorcelle? est-ce qu'il y aurait quelque entrave dans vos amours?

— Non, je n'ai rien qui me contrarie...

— Enfin! vous me conterez tout cela à mon retour. Adieu, je vous quitte, car je suis fort pressé; quand je reviendrai, j'espère vous retrouver moins discret.

Le marquis a quitté Dorcelle; celui-ci est devenu tout songeur, il se dit :

— Abelino part demain; il laisse sa femme seule... il ne m'a pas dit d'aller la voir; non, mais il ne me l'a pas non plus défendu. Polydore nous a assuré qu'en l'absence de son mari cette dame ne recevait personne. On a pu refuser de recevoir Polydore sans que cela prouve qu'on ne reçoit personne... Son amour-propre lui a fait croire cela. Mais après tout, pourquoi irais-je voir cette dame?... Est-ce que je veux trahir l'amitié? Faire la cour à la femme de mon ami?... Non, certes!... Je n'en ai pas formé le projet. Seulement, j'aurais été curieux de savoir si Polydore n'a pas menti... Et puis enfin, s'il a menti, comme c'est probable, n'aurais-je pas l'air malhonnête de ne point aller au moins une fois m'informer de la santé de madame Abelino?... Non, au total, il vaut mieux que je n'y aille pas... c'est le plus sage.

Et le résultat de ses réflexions fut, comme vous l'avez déjà deviné, j'en suis sûr, parce que vous devez connaître les hommes aussi bien que moi... remarquez que je ne parle pas des femmes!... Le résultat, c'est que trois jours plus tard Dorcello se rendait à l'hôtel du marquis, en se disant :

— Enfin! si cette baronne m'avait dit vrai?... Ma foi... tant pis!... Je ne suis pas meilleur qu'un autre, moi... et je serais un imbécile de manquer une si belle occasion.

On voit que Dorcello ne se flattait pas, et qu'au moins il se rendait justice. C'est dans ces dispositions qu'il arriva à la demeure de son ami; mais, là, le concierge l'arrête en lui disant :

— Où va monsieur?
— Chez le marquis Abelino.
— M. le marquis est en voyage.
— Je le sais, mais je désire présenter mes hommages à madame la marquise...
— Impossible, monsieur; en l'absence de monsieur, madame ne reçoit personne...
— Comment... personne... il n'y a pas quelques exceptions?... Si je vous donnais ma carte... si on allait la lui porter?

— Impossible, monsieur ; nous pouvons recevoir les cartes, mais madame ne veut qu'on les lui porte que le lendemain matin.

— Ah ! c'est différent !

Et Dorcelle s'éloigne, en faisant une drôle de mine, mais en se disant :

— Eh bien ! je suis enchanté qu'elle ne reçoive personne... il vaut cent fois mieux que cela se passe ainsi !... Non que j'eusse la moindre intention coupable ! mais enfin... l'homme est si faible... on ne peut répondre de rien... et, sans en avoir l'air, décidément mon ami Abelino est jaloux.

VIII

AU BAL MABILLE

A l'âge de Dorcelle et surtout avec son caractère, on ne s'afflige pas longtemps pour un amour contrarié, et d'ailleurs il n'était pas bien certain lui-même d'avoir vraiment de l'amour pour la belle marquise; sa vanité avait été mise en jeu, son imagination avait prise feu et, les trois quarts du temps, les jeunes gens se laissent dominer par elle sans avoir pris la peine de consulter leur cœur.

Quelques jours après sa visite inutile à l'hôtel du marquis, Dorcelle voit arriver chez lui Godineau qui commence par s'étaler sur un divan, en mettant ses pieds sur les coussins, et s'écrie :

— Ah ! cette fois, je crois que ça y est, que c'est une

affaire arrangée ; félicitez-moi, Dorcelle, je vais me marier !

— Mon cher Godineau, je vous féliciterai volontiers si vous faites un bon mariage... Ne mettez donc pas vos pieds sur les coussins de mon divan.

— Ah! pardon, c'est la joie!... Oui, mon cher, je fais un bon mariage : c'est cette précieuse madame Cabochon qui m'a trouvé cela... femme née pour la multiplication de l'humanité... elle m'a déniché un parti superbe !

— Vous aurez la soupe, le bœuf et une salade ?

— J'aurai mieux que cela ! J'aurai une volaille pour rôti et un entremets sucré !...

— Oh ! alors, cela devient intéressant ! La demoiselle est donc riche ?

— D'abord un joli magot de dix mille francs écus, qu'elle me donne en m'épousant et de plus... trois mille neuf cents frans de rente ! Avec ce que je gagne... cela nous fera toujours... trois mille neuf cents francs d'assuré.

— Et la jeune personne est jolie?

— Elle a vingt ans, elle est très-grande... presque de ma taille, c'est grand pour une femme; mais je ferai mettre de hauts talons à mes bottes... Érato... Elle se nomme Érato... le nom d'une muse, rien que ça ! Érato a une tournure fort distinguée, la démarche d'une princesse, l'air noble et il paraît qu'elle l'est un peu, par les femmes... c'est le côté le plus sûr!... Elle est plutôt belle que jolie... profil grec... front romain... œil américain !...

— Il paraît qu'elle a un peu de toutes les nations ?

— Tout cela forme un ensemble sévère qui, au premier abord, ôte l'envie de chercher à lui plaire... Mais quand elle sourit... oh ! c'est un changement à vue comme à l'Opéra !... Par exemple, elle sourit fort peu. Elle a été élevée dans un grand pensionnat, principes sévères... Je ne lui ai pas encore baisé le bout des doigts... Elle est avec une tante, sa seule parente, qui se tient comme l'obélisque, et ne permet pas la moindre familiarité.

— Et vous avez plu à ces dames-là, vous, Godineau ? si gai, si bruyant, enfin si farceur, car c'est le mot !

— Oh ! mon cher ami, si vous me voyiez devant les dames de Transtafaro, vous ne me reconnaîtriez pas...

« Cette bonne madame Cabochon m'avait prévenu ; elle m'avait dit : « Si vous voulez être agréé, il faut avoir l'air aussi sage, aussi réservé que si vous sortiez d'une boîte ; » et comme j'ai joué plusieurs fois la comédie en société, je me suis fait un rôle. Les yeux baissés, le parler lent et mielleux, la démarche posée, enfin l'air d'un imbécile, ces dames ont été enchantées de moi !... Et l'on m'a permis de faire la cour à Érato, ce qui se borne à lui lire le *Journal des connaissances utiles*, à dévider de la soie, à tenir ses écheveaux de fil et à l'accompagner au piano avec ma flûte dont je joue très-mal ; mais ma future n'étant pas plus forte au piano, nous avons le droit de jouer ensemble. Vous pensez bien, mon cher Dorcelle, que tout cela ne m'amuse guère ? Mais une fois le mariage fait, j'envoie au diable ma flûte, je laisse ma femme taper toute seule sur son piano et je me pousse de l'air...

— Godineau, si vous me demandiez mon avis, je vous

dirais : « Ne faites pas ce mariage-là! cette demoiselle n'est pas votre fait ! »

— Oui, mais trois mille neuf cents francs de rente... c'est bien mon fait ! Le courtage ne va pas ! toutes les petites femmes de la rue Rochechouart... car c'est étonnant comme le sexe aimable abonde dans cet'e rue-là ! Ces petites lorettes, grisettes, ou plutôt polissonnettes, c'est leur vrai nom, me grugent, me mangent même ce que je ne gagne pas... Il faut bien que je me range!... En attendant, ah ! si je n'étais pas sur le point de m'hyméner... quelle jolie maîtresse je me payerais!... Et encore, je dis : je me payerais, et il paraît que ce n'est pas si facile qu'on pourrait le croire... la belle fait la cruelle, et c'est ce qui est cause que chacun voudrait faire sa conquête.

— Et où se trouve cette beauté dont tout le monde est amoureux ?

— A Mabille, mon cher.

— A Mabille ? Et elle est cruelle... vous m'étonnez !

— Figurez-vous, Dorcelle, une femme ravissante, jolie taille, faite à ravir... un pied, une jambe... à vous rendre amoureux sur-le-champ; avec cela une figure séduisante, beaux yeux, vifs, sémillants, agaçants, sourire enchanteur, belles dents qu'elle montre volontiers, car elle sourit presque toujours, un front haut, bien pur, bien dégagé, de beaux cheveux blonds qui encadrent tout cela... on l'a surnommée la belle blonde; mais, moi, je me suis informé, et je sais qu'elle se nomme Augustina.

— Et cette femme danse?...

— Toutes les danses possibles avec une grâce, une perfection !... On ne la quitte pas des yeux.

— Et elle danse aussi le cancan ?

— Oui, mais c'est un cancan que l'on pourrait danser à l'Opéra ; ce n'est pas canaille, c'est hardi, c'est étourdissant, original !

— Alors cette femme est une habituée du bal Mabille ?

— Habituée, non ; je ne l'y ai encore vue que deux fois: samedi dernier, et puis il y a, je crois, deux mois... mais alors elle était partie si vite que je n'avais pas eu le temps de bien l'admirer.

— Et qui est avec elle en ce moment, car elle doit avoir au moins un amant, cette enchanteresse ?

— Ma foi ! on ne lui en connaît pas. Elle danse avec tout le monde, pourvu que l'on soit bon danseur. Elle rit volontiers avec les jeunes gens qui la poursuivent, mais je ne lui ai vu préférer personne.

— Est-ce qu'elle vient seule au bal ?

— Non, elle vient avec une autre femme, son amie sans doute, qui n'est pas mal non plus, mais qui ne saurait être comparée à Augustina ; puis ces dames prennent une voiture et s'en vont ensemble. Pardieu, Dorcelle, vous qui êtes libre, qui n'allez pas épouser une Érato, allez donc à Mabille voir ma belle blonde, je gage qu'elle vous séduira aussi !

— Ce n'est pas ordinairement à Mabille que je vais faire des connaissances ; mais, pour une fois, on peut bien se risquer.

— Tenez, c'est aujourd'hui mardi, jour de bal. Allez-y ce soir, je vous y accompagnerai...

— Comment, vous allez encore à Mabille? vous, sur le point de vous marier, d'entrer dans la famille Transtafare!

— Justement, j'ai grand besoin de me distraire un peu!... J'ai tenu hier pendant deux heures les écheveaux de ma future, j'ai joué au loto avec sa tante à un sou le carton... vous comprenez que je n'en peux plus?

— Et si ces dames apprennent que vous allez à Mabille?

— Par qui? Elles ne voient personne que deux invalides et madame Cabochon; ce n'est pas celle-ci qui me trahirait. C'est décidé; nous allons ce soir voir la divine Augustina.

— Alors, trouvez-vous à six heures passage *Mirès*, nous dînerons ensemble...

— Vous m'invitez?

— Cela va sans dire ! le plus riche doit toujours être l'amphytrion.

— Oh ! que voilà des paroles bien senties!... A ce soir, six heures, passage *Mirès*; je serai exact comme mon appétit.

En effet, à six heures précises, Godineau se promenait sur le boulevard devant le passage. Il ne tarde pas à être rejoint par Dorcelle qui lui dit en souriant :

— On voit que vous vous étudiez à avoir l'air plus sage, plus posé. Vous ne mettez plus votre chapeau de côté.

— C'était cependant la seule chose que j'eusse jamais mise de côté.

— Allons dîner chez *Peters* que le *Figaro* a mis en vogue, et qui continue de la mériter.

— Va pour *Peters !* on fait de traiteur il faut toujours suivre la foule.

Après avoir fort bien dîné et s'être même donné cette légère pointe bachique qui, si elle n'est pas la vraie gaieté, y ressemble du moins, les deux jeunes gens vont fumer quelques cigares sur le boulevard ; puis lorsque neuf heures ont sonné montent dans un cabriolet qui les conduit allée des Veuves, aux Champs-Élysées.

— Nous arrivons d'un peu bonne heure, dit Godineau, la fashion ne va guère à Mabille qu'à dix heures ; mais, après tout, la musique y est fort bonne, l'orchestre joue des quadrilles, polkas ou mazurkes qui vous font frétiller les jambes ; et, même quand on ne danse pas, c'est agréable de se promener en musique.

— Êtes-vous sûr, au moins, Godineau, que votre blonde enchanteresse sera là ce soir ?

— Sûr... dame, non... est-ce qu'on est jamais sûr de quelque chose avec les femmes !... Mais elle a eu tant de succès samedi dernier que cela doit l'engager à revenir.

Ces messieurs entrent dans le jardin qui est déjà passablement garni, et, en faisant le tour de la danse, se trouvent bientôt devant Polydore qui tient sous son bras un monsieur, qui ne lui arrive pas à l'épaule, mais qui, en revanche, est tant soit peu bossu et marche avec difficulté : ce qui ne l'empêche pas d'être mis avec beaucoup d'élégance, d'avoir un monocle sur l'œil et d'afficher toutes les manières d'un gandin, bien que paraissant avoir de quarante-cinq à cinquante ans; du reste fort laid de figure, ayant un menton beaucoup trop prolongé, une bouche immense et des dents qui feraient envie à un loup, et qu'il montre presque constamment, parce qu'il juge agréable de rire toujours de ce qu'il dit, et surtout de ce que dit son ami Polydore, sur lequel il a l'air de vouloir se modeler.

— Sapristi, avez-vous de la chance! dit Godineau à Dorcelle; pour une fois que vous venez ici, vous y rencontrez Polydore!

— Avec qui diable est-il là?... Où a-t-il été chercher un compagnon si laid et si mal tourné?

— C'est comme ça que Polydore les aime; vous comprenez que ça le fait ressortir, lui!

— Bonsoir, messieurs, dit le beau gandin en tendant la main à Dorcelle. Ah! je ne m'attendais pas au plaisir de vous rencontrer...

— Pourquoi ne viendrions-nous pas à Mabille, tu y viens bien, toi?

— Assurément, j'aime beaucoup ce jardin; j'y viens souvent avec mon ami... Détraque, que j'ai l'avantage de vous présenter.

Le monsieur aux dents de loup se met à rire en s'écriant:

— Oui, de Nanterre et moi, nous sommes très-habitués ici... nous nous y amusons beaucoup... Eh! eh! eh! Il y y a des femmes... et voilà ce qui nous attire, nous autres mauvais sujets... Ah! ah! ah!...

— Compris, dit Godineau, ces messieurs viennent se payer des conquêtes!... Est-ce que vous dansez, messieurs?

— Oh! non, quelquefois Détraque se lance...

— Ah! ça me ferait bien plaisir de voir danser monsieur.

— Je n'aime que la polka... dans le quadrille, je ne sais pas lever la jambe comme eux.

— Et puis, vous ne pourriez pas la lever assez haut...

— Mon cher de Nanterre, vous ne voulez jamais danser, mais j'ai bien dans l'idée que vous vous risquerez ce soir... Eh! eh! eh!... Si elle vient... Oh! si elle vient, vous l'inviterez... je le gagerais!... Eh! eh! eh!

— Taisez-vous donc, bavard! Que ce Détraque est indiscret... il faut qu'il jacasse sans cesse.

— Ah! ah! jacasse... le mot est joli, je le retiens.

— Je vois, dit Dorcelle, que ce scélérat de Polydore a déjà une intrigue en train.

— Moi, j'en ai dix en train... reprend M. Détraque en riant à se tordre.

— Mais vous ne les achevez jamais, répond Godineau.

— Oh! si fait, quelquefois!... Demandez plutôt à de Nanterre... Ah! il est rêveur... il pense à celle qui l'a subjugué, à la belle blonde!...

— La belle blonde?... Cette jeune femme qui danse si bien et qui était ici samedi, tout habillée en rose?

— Justement; vous l'avez remarquée aussi?

— Eh! qui ne la remarquerait pas!... Et Polydore en est amoureux?

— N'écoutez donc pas ce mauvais sujet de Détraque! Je trouve cette femme fort à mon gré. Je veux faire sa connaissance... voilà tout!

— Et êtes-vous déjà avancé près d'elle? demande Dorcelle.

— Non, pas beaucoup; je lui ai parlé, mais elle allait danser...

— C'est-à-dire, de Nanterre, que vous l'avez invitée et qu'elle vous a refusé.

— Sans doute, puisqu'elle dansait avec un autre.

— A ce qu'elle vous a dit; mais nous avons cherché en vain dans la danse, nous ne l'y avons pas vue... ni retrouvée après.

— C'est qu'elle était pressée de partir.

— Ah! messieurs... entendez-vous l'orchestre?... C'est une polka... ma polka favorite... je n'y tiens pas!... Je vais inviter cette belle brune qui est là à gauche...

— Monsieur Détraque, je parie une de mes dents contre une des vôtres qu'elle vous refuse.

— Et pourquoi donc cela, monsieur? c'est ce que nous allons voir.

Le petit monsieur mal construit va faire son invitation et revient bientôt, l'air vexé, en disant :

— Elle est engagée.

— Monsieur Détraque, vous me devez une de vos dents!

— Monsieur, je ne fais pas de semblables paris... et d'ailleurs j'aurais trop à y perdre.

— C'est vrai ! une seule des vôtres en vaut trois des miennes !..

M. Détraque, qui commence à se lasser des plaisanteries de Godineau, prend le bras de Polydore et l'entraîne en disant :

— Allons donc faire un tour dans la danse... Venez, de Nanterre, produisons-nous.

— Conçoit-on ce vieux satyre qui veut danser ! murmure Godineau ; je suis sûr que toutes les petites femmes qui viennent ici se moquent de lui, et franchement elles ont raison ; il est impossible que tourné comme il l'est, il trouve jamais une femme qui veuille danser avec lui !...

— Mais si... tenez... le voilà qui passe en polkant...

— C'est pardieu vrai !... avec une femme qui a au moins cinquante ans... Ah ! suivons-les des yeux, cela en vaut la peine... ils ne peuvent pas attraper la mesure et à chaque instant se font bousculer par les bons danseurs. Oh ! c'est à pouffer de rire ; M. Détraque a l'air de souffler comme un bœuf, c'est sa dame qui le soutient... bon ! encore une bousculade. Oh ! diable, il paraît qu'elle a été rude cette fois.

Un particulier qui regardait la danse, et sur qui Détraque venait de tomber avec sa danseuse, paraissait fort en colère et secouait le bras du vilain monsieur, en lui disant :

— Monsieur, c'est trop fort ! voilà deux fois que vous vous jetez sur moi et m'écrasez les pieds ; je vous ai passé la première, mais il n'en sera pas de même de celle-ci !..

— Eh ! monsieur, est-ce que vous croyez que je le fais

exprès? Je me jette sur vous parce qu'on m'y jette, on m'y pousse... ce sont les autres qui se jettent sur moi et ma dame.

— Monsieur, quand on ne sait pas polker, on ne se mêle pas aux danseurs...

— Mais, monsieur, je sais très-bien polker; ce sont les autres qui vont comme des ahuris... comme des toqués!..

— Non, monsieur, je vous ai regardé tout à l'heure, il vous est impossible d'attraper la mesure... vous faites de la peine à voir !.. C'est pitoyable.

— Comment, c'est pitoyable !.. Ce n'est pas moi que vous avez regardé... vous allez voir comme je vais bien avec madame.

Et Détraque veut se lancer de nouveau, mais le monsieur le retient par le bras en lui disant :

— Non, monsieur, en voilà assez... vous ne polkerez plus.

— Je ne polkerai plus !... Eelle est forte, celle-là... et qui m'en empêchera?

— Je ne veux plus que vous m'écrasiez avec vos horribles pieds.

— Mes horribles pieds !... C'est vous qui gênez la danse et vous mettez dans les danseurs... Voulez-vous me lâcher tout de suite?...

Ce qu'il y avait de plus drôle, c'est que, pendant cette dispute, la dame que Détraque enlaçait continuait de sautiller sur place sans s'arrêter un seul instant. De son côté le monsieur colère ne lâchait pas le bras du polkeur, et celui-ci se met à crier de toute sa force :

— A moi ! municipal !... sergent de ville !... J'ai payé mon entrée, on n'a pas le droit de m'empêcher de danser !

L'orchestre met fin à cette scène, en cessant de jouer. Godineau, que cela amusait beaucoup, voulait voir quelle en serait la suite, lorsqu'un mouvement qui s'opère d'un autre côté du jardin et ces mots : « La voilà !... » plusieurs fois répétés dans la foule, font oublier aux deux jeunes gens M. Détraque et sa dame.

IX

LA BELLE BLONDE

Deux femmes s'avançaient dans une des allées qui servent d'enceinte à la danse. Elles étaient toutes deux mises avec élégance ; l'une des deux, cependant, avait quelque chose dans sa toilette comme dans sa tournure qui indiquait une certaine supériorité sur sa compagne. C'était une femme d'une taille un peu au-dessus de la moyenne, faite comme un ange et ne portant point de ces affreux entonnoirs qui défigurent les formes au lieu de les laisser voir. Sa démarche était vive et dégagée ; elle était vêtue d'une robe de soie bleue, qui ne descendait pas assez bas par devant pour masquer un pied mignon et fait à ravir. Un petit chapeau, qui ressemblait à un bonnet lui servait de coiffure sans cacher ses traits. On pouvait admirer une forêt de cheveux blonds, frisés à la neige sur les tempes ; un front bien blanc, bien haut, des yeux qui sans être très-grands étaient pleins de feu, de vivacité ; un nez bien fait, une bouche fort agréable, car elle souriait volontiers, et montrait alors des dents charmantes; enfin tout cela composait un ensemble très-séduisant, et il y avait surtout dans cette figure une expression de finesse, de plaisir et, par moments, de fierté qui vous captivait, parce qu'elle n'avait rien de cette indécence, de cette effronterie que l'on retrouve trop souvent sur le visage des femmes galantes :

— La voilà, mon cher, dit Godineau à son compagnon, c'est Augustina, c'est la belle blonde. Eh bien ! vous avais-je menti ? N'est-elle pas bien au-dessus de tout ce que l'on voit ordinairement ici ?

— Oui, répond Dorcelle, oui, cette femme est pleine de charmes ; et puis il n'y a rien de commun dans sa personne... Suivons-la, Godineau, suivons-la... je voudrais pouvoir l'admirer de plus près.

— Volontiers... j'étais bien certain que vous ne vous repentiriez pas d'être venu... Allons ! voilà cet imbécile de Polydore qui est déjà près d'elle ; j'espère que vous n'allez pas permettre à ce fat de vous souffler cette conquête... Ah ! si je n'étais pas sur le point d'épouser Érato ! mais j'ai besoin de me ranger.

— Vous me faites rire, Godineau ; qui vous dit que j'ai envie de faire la conquête de cette femme?...

— Oh ! j'en mettrais ma future au fou...

— L'extérieur de cette Augustina est très-séduisant ; mais qui vous assure que, lorsqu'on lui parle, le charme n'est pas sur-le-champ détruit par une voix rauque, commune, ou par un jargon canaille, des expressions triviales ?

— Je l'ai entendue parler ; elle n'a pas de ces voix de corps-de-garde qui vous choquent quand elles sortent de la bouche d'une jolie femme. Sa voix est claire, d'un diapason un peu élevé peut-être, ce que nous appelons une voix de tête. Mais elle s'exprime fort bien. Au reste, vous en jugerez vous-même ; rien ne vous empêchera de lui parler.

— Ah ! je gage que Polydore l'engage à danser en ce moment ?...

— Et elle le refuse pour accepter le bras d'un des meilleurs danseurs d'ici qui vient d'aller à elle...

— Elle va donc danser ?

— Elle ne fait que cela ici ! elle ne manque ni quadrille, ni valse, ni polka ; elle paraît aimer la danse à la fureur.

— Ah !... c'est dommage !

— Pourquoi cela ?

— Parce qu'on ne peut pas causer avec elle quand elle danse.

La belle blonde est allée se placer à un quadrille où son amie lui fait vis-à-vis. La foule ne tarde pas à entourer ce quadrille ; mais Dorcelle et Godineau se faufilent à travers le monde et parviennent ainsi à se trouver derrière celle qui captive tous les regards. Le beau Polydore ne tarde pas à venir près d'eux.

— Qu'avez-vous donc fait de votre Pylade ? lui demande Godineau.

— Comment !... Quel Pylade ?

— Ce vilain bosco que vous remorquiez tout à l'heure pour effaroucher le public.

— Détraqué !... mais je crois qu'il a un duel... une affaire...

— Ah ! quelle plaisanterie !... Et quel homme serait assez audacieux pour vouloir endommager ce petit Apollon !... Dites-donc, vous avez voulu danser avec elle?... et il n'y a pas mèche, vous avez fait four.

— Elle était engagée.

Pendant que Godineau cause avec Polydore, Dorcelle fait son possible pour être remarqué par la belle blonde ; mais celle-ci cause avec son danseur, ou sourit à son amie placée en face d'elle, et ne semble nullement s'occuper des hommes qui sont massés derrière elle. L'orchestre part : les danseurs s'élancent ; Dorcelle admire la légèreté, la grâce, la souplesse de la séduisante Augustina, elle touche à peine la terre, elle bondit, elle ne tient pas en place ; à la façon dont elle danse, il est facile de voir tout le plaisir qu'elle prend à cet exercice.

Cependant il faut bien s'arrêter lorsque c'est le tour des autres : Dorcelle n'y tient plus, il s'approche de la jeune femme et lui dit à demi-voix :

— Il est impossible d'avoir plus de charmes et de danser mieux que vous !

Au son de la voix de Dorcelle, la belle Augustina s'est retournée brusquement, mais elle ne le regarde qu'un instant, tout en lui répondant d'un air leste et d'une voix haute et claire :

— Merci, monsieur ; oui, j'aime la danse et je m'y livre avec bonheur.

— Et vous venez souvent danser ici ?

— Très-souvent ; mais par exemple, je tiens à avoir un bon cavalier !.. Nancy ! Nancy !... Fais attention, c'est à nous.

Ces paroles s'adressaient à son amie.

— Eh bien ! vous lui avez parlé ? dit Godineau à Dorcelle.

— Oui, nous avons échangé quelques mots... je n'aime pas autant sa voix que sa personne... elle est un peu aiguë. Elle me rappelle les voix que font les femmes dans un bal masqué, lorsque, sous un domino, elles ne veulent pas être reconnues...

— Si vous aviez vu la figure que faisait Polydore pendant que vous lui parliez !..

— Ah ! mon cher, regardez-la donc danser... elle fait des pas ravissants... Ce n'est pas là du cancan... c'est coquet, c'est gracieux !... Et cette jambe... ce mollet, car elle nous fait voir tout cela... et elle a bien raison... c'est adorable !...

— J'en étais sûr, vous voilà pincé !..

— Oui, je l'avoue... cette femme me plaît beaucoup !.. Il y a dans sa physionomie quelque chose que je ne puis pas bien définir... il me semble que je l'ai déjà vue quelque part.

— Que lui as-tu dit ? demande Polydore en s'approchant de Dorcelle.

— Dit... à qui ?

— Parbleu, à cette jolie Augustina ! Je t'ai bien vu lui parler bas...

— Bas ! ma foi, non ; je n'avais aucune raison pour craindre qu'on ne m'entendît !

— Alors, que lui as-tu dit ?

— Je lui ai dit que je l'adorais, que je voulais être son amant et que, si elle ne voulait pas me céder, je l'enlèverais en ballon.

— Oh ! tu ris... Tu ne lui as pas dit tout cela...

— Pourquoi pas ?

— Et que t'a-t-elle répondu ?

— Tu es bien curieux, mon bel ami !...

— Je croyais que... entre amis... ces choses-là se racontaient.

— Allons, ne fais pas la moue, mon pauvre Polydore ! Non, j'ai seulement dit à cette jeune femme qu'elle dansait comme un ange... Mais je ne te cache pas qu'elle me plaît infiniment, et que je vais tâcher de faire sa connaissance...

— Tu n'y parviendras pas...

— Pourquoi ? Tiens ! elle voit que nous causons, et cela la fait rire...

— Parce qu'elle ne veut faire aucune connaissance ici.

— Elle te l'a dit ?
— A peu près.
— Ce n'est pas cela qui m'arrêtera... Plus je regarde cette femme, plus il me semble que sa figure ne m'est pas entièrement inconnue. A qui donc ressemble-t-elle ?
— A personne, car elle est mieux que toutes les autres femmes.
— Ah! attends...,oui, c'est cela!... Elle ressemble à la marquise Abelino.
— Oh! par exemple, Augustina ressembler à la fière Fidélia!... Tu es fou, mon cher! D'abord l'une est brune, celle-ci est blonde ; l'une a l'air sérieux, dédaigneux, celle-ci rit toujours ; son air est gai, étourdi... la marquise est sérieuse et pensive. Celle-ci a un beau front bien haut, l'autre n'a sans doute qu'un tout petit front, car ses cheveux tombent presque sur ses sourcils. Enfin, madame Abelino a une voix de contralto... une voix un peu enrouée; celle-ci, c'est tout l'opposé, sa voix est claire et haute... et puis la démarche... la tenue... ah! ah! ah ! vois tu la marquise dansant comme cela, en sautant, en faisant les pas les plus étonnants !...
— Je conviens de la vérité de tout ce que tu viens de dire; mais, c'est égal, il y a de la ressemblance dans le profil... dans les yeux....
— Dans les yeux ? Y penses-tu! celle-ci ouvre les yeux comme des portes-cochères, et c'est à peine si la marquise entr'ouvre les siens. Ah! en voilà une ressemblance que je n'aurais jamais trouvée !...

— Après tout, peu importe ! Qu'elle ressemble ou non à la marquise, je te préviens, Polydore, que je suis ton rival !

— A ton aise ! tous les hommes ici sont amoureux d'Augustina et pas un n'a réussi à se faire écouter. Tu seras éconduit comme les autres !

— C'est ce que nous verrons.

La danse venait de finir. La belle blonde venait de reprendre le bras de son amie, après avoir refusé celui de son cavalier qui lui offrait des glaces et du punch... les deux femmes s'éloignent, et, pour se promener, ont l'air de chercher des allées plus solitaires. Mais Dorcelle ne les perd pas de vue ; après avoir dit tout bas à Godineau de tâcher de retenir Polydore, il suit de loin les deux amies.

De temps à autre la belle blonde s'arrête comme incertaine de ce qu'elle veut faire ; alors son amie semble attendre ce qu'elle a résolu. Cependant elles se sont remises en marche et se dirigent vers l'allée qui conduit à la sortie. Dorcelle les suit toujours ; mais tout à coup Augustina se retourne, elle aperçoit le jeune homme qui l'observe. Aussitôt, changeant de direction, les deux femmes reviennent sur leurs pas et retournent du côté de la danse.

Dorcelle se décide à les aborder :

— Est-ce que vous alliez déjà partir, mesdames ? dit-il en s'adressant surtout à celle dont il voudrait faire sa maîtresse. Celle-ci lui répond en riant :

— Mais vous nous suiviez donc, monsieur, que vous avez si bien vu le chemin que nous prenions ?

— Je ne m'en défends pas. Je ne vous ai encore vue que depuis trois quarts d'heure à peine, je ne vous ai parlé qu'un instant, et déjà je sens qu'il me serait bien pénible de ne plus me retrouver avec vous.

— Ah ! ah ! ah !... Vous voilà qui me tenez le même langage que les autres, et, je vous le dis franchement, cela m'ennuie ; je viens ici pour danser, parce que je raffole de la danse, mais je n'y viens pas pour chercher une connaissance, ni pour qu'on me fasse la cour...

— Alors vous ne ressemblez pas aux dames qui viennent danser ici.

— Je l'espère bien !...

— Mais vous pourriez vous apercevoir aussi que parmi tous ces messieurs qui vous poursuivent de leurs hommages, il en est quelquefois qui méritent d'être distingués...

— Vous, par exemple, n'est-ce pas ?

— Mais peut-être...

— Ah ! ah ! ah ! vous n'êtes pas modeste...

— Qui plaidera ma cause, si ce n'est moi ?

— Vous êtes donc venu ici dans l'intention d'y faire une connaissance ?

— Non, pas du tout ; mais j'y suis venu pour vous.

— Pour moi ! et vous ne me connaissiez pas ?

— Un de mes amis m'avait fait votre portrait et il était si séduisant que j'ai voulu voir l'original...

La belle blonde parle bas à l'oreille de son amie, elles chuchotent entre elles avec feu. Dorcelle s'est un peu éloigné par discrétion. C'est Augustina qui, la première, reprend l'entretien :

— Celui qui vous a dit cela doit être ce grand beau garçon qui a l'air si bête? il me poursuit de ses fadeurs... mais s'il ne cesse pas, je lui parlerai de façon à ce qu'il me laisse tranquille !

— Non, ce n'est pas celui-là qui m'a parlé de vous...
— Qui donc, alors ?

Puis, se reprenant comme si elle était fâchée d'avoir cédé à sa curiosité, la jeune femme s'écrie :

— Mais qu'est-ce que cela me fait après tout ?... Je n'ai pas le droit de vous questionner !

— Oh ! questionnez-moi tant que vous voudrez, je serai trop heureux de vous répondre !... Je sens que je voudrais être votre esclave...

— Ah ! ah ! ah !... c'est à ce point-là ! Nancy, entends-tu ce qu'il dit? Il voudrait me faire croire qu'il m'aime réellement.

— Je vous jure que je donnerais tout au monde pour que vous ressentiez pour moi le demi-quart de ce que j'éprouve pour vous !...

— Alors, quand vous êtes venu dans ce jardin, et avant de m'avoir vue, vous n'aimiez personne ?

— Non, personne !

— Vous en êtes bien sûr? Il n'y avait pas une toute petite passion dans un coin de votre cœur? Cherchez bien... et ne mentez pas.

Dorcelle est quelques instants sans répondre, puis il balbutie :

— Puisque vous désirez savoir quel était le véritable état de mon cœur... eh bien! oui, je gardais au fond de l'âme une image que j'avais bien de la peine à en bannir...

— Ah! Et pourquoi cherchiez-vous à bannir cette image de votre pensée?

— Parce que c'était un amour qui ne pouvait jamais être partagé...

— On ne vous aimait pas?

— Je l'ignore, je ne me suis pas même déclaré... mais c'était la femme d'un de mes amis, et, tout mauvais sujet que je sois, j'aurais eu des remords de trahir un homme qui me serrait la main.

— C'est bien, cela, monsieur; c'est très-bien!...

— Au reste tout cela est passé, dissipé, oublié; il n'a fallu que vous entrevoir un instant, et cet amour malheureux était banni de mon souvenir...

— Oui, comme par homœopathie, un amour nouveau guérit d'un ancien. Oh! jamais l'homœopathie ne fut appliquée plus souvent!...

— Voyons, belle Augustina, de grâce accordez-moi un rendez-vous?...

— Qui vous a dit mon nom?

— C'est toujours mon ami Godineau... celui qui m'avait fait votre portrait.

— Votre ami Godineau! Par quel hasard ne m'a-t-il jamais parlé, celui-là?

— Oh! le pauvre garçon va se marier; il est forcé de devenir raisonnable...

— Ah! oui... le mariage, ce n'est pas toujours amusant.

— Seriez-vous mariée par hasard?

— Non, non, grâce au ciel!

— Eh bien! puisque vous êtes libre, accordez-moi un rendez-vous?...

— C'est impossible.

— Ou permettez-moi d'aller vous voir?

— C'est impossible.

— Eh bien! alors, venez chez moi!...

— Ah! ah! ah!... ce serait joli!

— Je me nomme Adrien Dorcello, j'ai assez de fortune pour vivre indépendant. Tenez, voilà ma carte...

— Que voulez-vous que j'en fasse, de votre carte?

— Je tiens à ne pas être pour vous un de ces hommes qui se donnent pour ce qu'ils ne sont pas.

— Ah! ah! on joue... c'est une valse! Valsez-vous?

— Hélas! non, et j'en suis bien désolé en ce moment...

— Je vais aller valser...

— De grâce, ne me quittez pas ainsi, donnez-moi un mot d'espoir...

— Ce serait inutile.

— Vous aurez beau faire, je vous suivrai à la sortie. Je saurai où vous demeurez, je ne vous perdrai pas de vue...

La belle blonde lance au jeune homme un regard dans

lequel il y avait presque de la colère et lui répond avec vivacité et impatience :

— Monsieur, en faisant tout ce que vous venez de dire, vous prenez le plus sûr moyen pour ne jamais obtenir de moi la plus légère faveur. Je ne veux point être contrainte, je veux être libre de faire ce qui me plaît; et, s'il ne me plaît pas de vous connaître, vous aurez beau suivre la voiture qui m'emmènera et voir où elle m'arrête, cela ne m'empêchera pas de vous tourner le dos quand vous chercherez à me parler.

— Mon Dieu, comme vous avez l'air fâché! Eh bien! madame, puisque cela vous contrarie tant, je ne vous suivrai pas...

— Vous ferez mieux; car cela ne vous avancerait à rien.

— Et vous ne me donnez pas la permission de vous revoir?

— Mais quand je viendrai ici et que vous y serez, rien ne vous en empêchera...

— Au moins y reviendrez-vous bientôt?

— Jeudi, probablement.

— Après-demain... Ah! quel bonheur!...

— Viens, Nancy, viens donc valser; je suis sûre que nos bons valseurs habituels nous cherchent partout.

Et les deux amies s'élancent en sautillant du côté de la danse. Dorcelle les laisse aller; il n'est pas très-satisfait du résultat de son entretien avec la belle Augustina, il se dit :

— Ou cette femme-là veut me faire poser, ou elle a

quelque raison pour craindre d'être connue... cependant, quand on craint d'être connue, on ne vient pas danser à Mabille!... Mais, si Polydore a dit vrai, personne près d'elle n'a été plus heureux que moi ; je crois maintenant que je m'y suis mal pris... elle-même me l'a dit : « Vous m'accablez de compliments comme les autres, et cela m'ennuie ! » Je lui ai laissé voir que je l'adorais. Je suis un sot et un imbécile... Est-ce qu'on doit devenir réellement amoureux d'une femme qui vient danser à Mabille ! En vérité, je mérite qu'elle se moque de moi.

Et Dorcelle se rapproche de la danse, cherchant des yeux Godineau. Il l'aperçoit bientôt près d'un endroit où plusieurs personnes sont rassemblées et paraissent se quereller ; dans le groupe, on distingue le petit Détraqué qui se démène comme un possédé en criant :

— Mais encore une fois, ce n'est pas moi qui ai accroché cette dame et qui suis cause que sa robe est déchirée !... Je valsais bien gentiment avec une personne fort comme il faut... seulement ma valseuse avait une crinoline trop étendue, et qui prenait beaucoup de place... Ce n'est pas ma faute si les dames veulent maintenant ressembler à des entonnoirs ! ça me gênait moi-même pour valser avec elle ; mais à force de pousser mon genou, je crois que j'avais fini par briser un de ses cerceaux. Bon ! tout à coup, en passant près d'un couple qui valsait aussi, ma valseuse accroche la crinoline de madame avec la sienne... Alors, crac ! une robe se déchire, vous voyez bien que ça ne me regarde pas !... C'est un combat de crinolines, pas autre chose!... Il y a une robe de blessée ; ce n'est pas moi qui la raccommoderai.

Mais le monsieur servant de cavalier à la dame dont la robe est déchirée n'entend pas raison et prétend que Détraque doit payer le dommage qu'il a fait. Godineau, qui riait en écoutant ce débat, dit à Dorcelle :

— L'ami intime de M. de Nanterre n'est pas heureux, ce soir, à la danse! Et vous, Dorcelle, l'avez-vous été auprès de la belle que vous poursuiviez?

— Ma foi, pas beaucoup. On m'a écouté, on a causé avec moi, mais on ne m'a rien accordé : ni rendez-vous, ni promesse pour l'avenir... Décidément, cette femme a probablement formé le projet de se moquer de tous les hommes qui lui font la cour!... Elle m'a dit qu'elle ne venait ici que pour danser.

— En effet, tenez, elle valse en ce moment ainsi que son amie...

— Oui... la voilà qui passe... Quelle grâce! quelle légèreté, ses pieds touchent à peine la terre!... Sacrebleu! que c'est bête de ne pas savoir valser... mais j'apprendrai... Un homme s'étourdir en tournant, c'est pitoyable!... Dès ce soir, chez moi, je m'exercerai en valsant avec une chaise.

— Il est certain qu'il n'y a pas de danse aussi avantageuse que la valse... pour permettre à un homme de se déclarer, de presser tendrement une taille, de fasciner de ses regards la femme qu'il tient dans ses bras... Il n'y a pas moyen de le repousser alors, et le mouvement, la musique, tout cela ajoute au feu de la situation! Ce qui m'étonne toujours, c'est que ce sont les Allemands, ces ho[m]mes si flegmatiques, si froids, qui ont inventé une dans[e] si chaude! Tiens, voilà Polydore qui valse aussi... p[as] trop mal... mais roide, sans grâce, sans abandon !... Ah! mon Dieu, je crois que ce monsieur veut battre Détra[-] que... je vais aller au secours du petit biscornu !

Dorcelle reste devant la valse, il suit des yeux la bell[e] Augustina; et, lorsque enfin la valse finit, il veut voir s[i] elle restera au bras de son valseur; mais elle le quit[te] presque aussitôt, et va rejoindre son amie, qui en a fait au[-] tant. Alors les deux femmes se dirigent du côté de l[a] sortie, et pour cela passent devant Dorcelle qui s'est arrêt[é] et se contente de les saluer sans bouger de place. La bell[e] blonde répond à ce salut par un sourire plein de charm[e] et un regard qui semble dire qu'on est satisfait de sa doci[-] lité.

Un instant notre amoureux hésite, il ressent le désir d[e] suivre cette femme, mais il y résiste en se disant :

— Il faut avoir du cœur, de la fierté.... d'ailleurs ell[e] m'a prévenu que cela ne m'avancerait à rien !...

Godineau vient rejoindre son ami ; il s'écrie de loin:

— L'affaire est arrangée, Détraque paye du punch a[u] monsieur et des glaces à la dame déchirée! je crois qu[e] c'est tout bonnement là que ce monsieur en voulait venir; il désirait se faire régaler, lui et sa partner... Polydore est avec eux ; Détraque, enchanté que son affaire se soit ar[-] rangée, m'a prié de vous inviter à venir prendre du punc[h] qu'il fait venir.

— Merci, cela ne me tente pas... j'aime mieux m'en aller ; et vous, Godineau ?

— Je m'en vais avec vous, d'autant plus que la dame déchirée est fort laide et que son monsieur a l'air... d'un poisson.

X

CE QUI DEVAIT ARRIVER

Tout en sortant du jardin Mabille, Godineau dit à Dorcelle :

— A propos mon cher ami, j'ai un service à vous demander ; j'ose espérer que vous ne me refuserez pas ?

— Qu'est-ce donc, mon cher, parlez ?

— C'est de vouloir bien assister à la signature de mon contrat et d'y mettre aussi votre nom. Cela se fera naturellement chez la tante, madame Transtafare. Moi, je n'ai aucun parent à produire ; mais cela ferait mauvais effet si je n'avais pas quelques personnes à présenter de mon côté ; et vous comprenez que, pour plaire à ces d. mes, il ne faut pas que j'invite de ces farceurs, mes amis de café, qui lâcheraient quelque bêtise ou diraient à ma future de ces drôleries qui font rougir une écaillère... Tandis que vous, qui êtes très-posé, quand vous voulez, et qui avez fort bon ton, vous ferez la conquête de ces dames.

— Soit, mon cher Godineau, j'irai très-volontiers siéger à votre contrat. Mais est-ce que vous n'aurez que moi de votre côté? Un seul témoin, ce n'est pas assez.

— Oh! j'aurai encore quelqu'un qui fera mon affaire, un homme qui se met très-bien, qui a une belle tenue; il ne parle presque pas, mais j'aime autant cela.

— Vous n'avez pas eu l'idée d'inviter Polydore à être aussi votre témoin?

— Oh! non, il fait trop de manières, il nous ennuierait; d'ailleurs c'est suffisant d'amener deux personnes.

— Eh bien! c'est convenu. Est-ce que vous pensez que cette cérémonie aura lieu bientôt?

— Mais oui, la semaine prochaine, j'espère; au reste, j'irai vous avertir en vous portant l'adresse de ma future belle-tante.

Dorcelle est rentré d'assez mauvaise humeur; il n'est pas content de lui, il ne se reconnaît plus et se repent d'avoir cédé au désir de la belle danseuse de Mabille en ne la suivant pas. Il se demande par quelle influence secrète cette femme a pu le rendre si docile, lui qui mène ordinairement ses intrigues amoureuses au galop. Puis il veut chasser de sa pensée le souvenir de la ravissante Augustina et se promet de ne plus retourner chez Mabille.... l'instant d'après, il voudrait déjà être au jeudi, pour re-

voir celle qui l'a ensorcelé... Tous ces changements d'i-
dées sont bien communs dans la température amoureuse!
L'amour fait des milliers de girouettes que le temps se
charge de rouiller.

Puis Dorcelle essaye de s'apprendre à valser avec une
chaise. Mais, après avoir ainsi fait quelques tours dans
sa chambre, il se sent étourdi, chancelle, tombe sur un
meuble et jette avec colère sa valseuse au milieu de l'appartement.

Le jeudi est arrivé, et Dorcelle ne manque pas de se
rendre à Mabille. Cette fois, il y va seul et s'en félicite en
disant :

— Comme cela, je serai maître de faire ce qui me
plaira, de me tenir à l'écart, de ne pas m'approcher de la
danse si c'est mon idée ; je serai bien plus à mon aise
pour suivre, pour épier la conduite de cette femme... car
il y a quelque chose dans cette Augustina qui n'est pas
naturel. Son maintien, son parler... le son de sa voix,
tout cela semble étudié; et c'est probablement tout cela
qui fait que je suis amoureux d'elle !... Il suffit souvent à
une femme de se singulariser pour faire notre conquête...
nous sommes si curieux de tout ce qui est nouveau !

Dorcelle n'est arrivé qu'à près de dix heures chez Mabille. Il y avait plus de monde qu'au bal précédent; il
s'en félicite, parce que dans les foules on se dérobe plus
facilement aux regards. L'orchestre jouait un quadrille;
il se dirige du côté de la danse sans pourtant se mettre en
vue des danseurs. Le monde qui se porte de préférence

vers un quadrille lui fait deviner que celle qu'il cherche est là.

En effet, Augustina dansait ayant toujours son amie pour lui faire vis-à-vis ; elle était habillée plus simplement qu'au bal précédent, mais sa toilette était néanmoins du meilleur goût et ne sentait nullement la lorette. Un joli chapeau cachait un peu plus ses blonds cheveux ; mais elle portait toujours le front aussi dégagé, et sur les côtés de grosses boucles descendaient le long de ses joues.

Elle était le point de mire de tous les hommes, qui se pressaient autour du quadrille dans lequel elle dansait ; c'était bien la reine du bal ; mais heureusement pour elle ce n'était pas la reine bacchanale, et sa danse, bien que très-excentrique, n'avait rien qui sentît ces cancans canailles plus dignes du bastringue que de l'Opéra.

Probablement Augustina priait aussi son danseur de ne point faire des choses trop osées, car, tout en se livrant aux mouvements les plus grotesques, ces élèves de Chicard ne se permettaient rien qui pût offenser l'autorité.

Dorcelle, tout en restant masqué par le monde, parvient à voir danser la belle blonde ; il admire sa grâce, sa légèreté, son sourire, il cherche à lire dans sa physionomie. Quand elle ne danse pas, il lui semble que plusieurs fois elle a jeté ses regards de divers côtés, comme si elle cherchait quelqu'un parmi tout ce monde qui l'entoure ; puis elle a regardé son amie comme pour l'interroger, et celle-ci avec sa tête lui a fait un signe négatif. Dorcelle qui voit tout cela, et se retire bien vite en arrière quand il pourrait être aperçu, se demande si ce n'est pas lui qu'on cherche dans la foule, et son cœur bat de plaisir à cet espoir.

Le quadrille est terminé, Dorcelle se dispose à suivre de loin Augustina et son amie, lorsqu'il croit s'apercevoir qu'il a été prévenu par deux jeunes gens qui marchent sur les pas de ces dames et paraissent même leur adresser la parole, bien que celles-ci ne leur répondent point et marchent très-vite pour se soustraire à leur poursuite.

Ce sont de jeunes élégants porteurs de petites moustaches bien frisées, de ces habitués du boulevard des Italiens qui traitent les dames de Mabille à peu près comme celles qui se promènent le soir dans leur quartier, et qui, après leur dîner, sont toujours disposés à se moquer de tout le monde, se figurant qu'il n'y a qu'eux d'aimables, de spirituels et de séduisants, et que tout leur est permis parce qu'ils ont dans leur poche de quoi payer les verres et les glaces qu'il leur plaira de casser.

Dorcelle marche plus vite pour être à même d'entendre ce que ces messieurs disent aux deux femmes qu'ils poursuivent avec une persistance qui va jusqu'à marcher presque sur leurs robes, se tenant la tête bien penchée en avant, afin de leur parler presque dans l'oreille. Le plus grand de ces messieurs, celui qui a l'air le plus impertinent, se tient derrière Augustina ; c'est à elle qu'il s'adresse constamment, et il parle assez haut pour que Dorcelle entende parfaitement :

— Voyons, belles dames, voyons ! ne fuyez pas ainsi !...
— Est-ce que maintenant les femmes sont devenues

sauvages à Mabille?... Ah! cela m'étonnerait beaucoup, moi!...

C'est le moins grand de ces messieurs qui a fait cette réflexion, son compagnon s'empresse de s'écrier :

— Mais non, mon cher, elles font semblant de fuir, mais c'est pour que nous courions après elles... Est-ce qu'on ne connaît pas ça ?... Voyons, mes petites biches... vous, surtout, grande blonde, qui dansez d'une façon si ravissante !... Venez avec nous prendre des glaces ou du punch... et puis nous danserons un pas chicard échevelé, et puis nous irons souper ensemble... Ça y est, n'est-ce pas?... truffes, champagne à discrétion... cela vous va... mes anges !... Comment, toujours pas de réponse... Ah ! elles doublent le pas; mais vous aurez beau faire, vous ne nous échapperez pas... nous avons décidé que nous souperions avec vous, ainsi c'est chose faite !...

Dorcelle sentait son sang bouillir ; mais en ce moment les deux femmes se sont tout-à-coup arrêtées, et Augustina, s'adressant à celui qui parlait sans cesse, lui dit avec fermeté et d'un ton où percent l'impatience et la colère :

— Monsieur, vous vous adressez mal, nous ne sommes pas de ces femmes qui viennent ici pour qu'on les mène souper ; ayez donc la complaisance de nous laisser tranquilles et de cesser de nous poursuivre.

— Qu'est-ce que c'est ? nous faisons des manières !... Comment, ma petite, tu viens danser ici et tu veux te donner des airs de grande dame... ça ne prendra pas avec nous ; et, pour commencer, tu vas me donner le bras...

En disant cela, le grand monsieur veut saisir le bras de la belle blonde ; mais déjà Dorcelle s'était élancé au secours de celle-ci, et c'est lui qui empoigne le bras de l'insolent et lui fait faire une pirouette qui le rejette sur son compagnon.

Les deux jeunes femmes ont poussé un cri de joie en reconnaissant Dorcelle.

— C'est vous ! s'écrie Augustina ; ah ! Dieu soit loué ! vous allez nous protéger.

— Oui, mesdames, et, soyez tranquilles, on ne nous insultera plus maintenant.

Le grand jeune homme à moustaches frisées, revenu de l'étourdissement où l'a jeté la pirouette inattendue qu'on lui a fait faire, s'écrie alors :

— Qu'est-ce que c'est ? nous allons voir... Ah ! il paraît que ces dames ont un souteneur !...

Le mot souteneur n'a pas plutôt été prononcé, que ce monsieur reçoit de Dorcelle un soufflet si bien appliqué, qu'il est entendu à une grande distance. Les promeneurs s'arrêtent, on accourt de tous côtés ; le monsieur soufleté a voulu se jeter sur Dorcelle, mais déjà de ces officieux qui se mêlent de ce qui ne les regarde pas et croient arranger les affaires en empêchant un homme de rendre à un autre ce qu'il en a reçu, ont retenu le monsieur à moustaches, qui est furieux et s'écrie :

— Laissez-moi ! je veux le tuer, il faut que je le tue !

— Oui, monsieur, répond froidement Dorcelle qui n'est plus en colère depuis qu'il a corrigé cet insolent ; oui, je vous ai soufleté parce que vous le méritiez, parce que

vous voulliez employer la force pour vous faire écouter de
ces dames... maintenant je suis à vos ordres pour que
vous tâchiez de me tuer.
— Ta carte, drôle ! ta carte, polisson !
— Oh ! ne recommençons pas les insolences, ou, cette
fois, je vous envoie rouler à dix pas !...
Un sergent de ville s'est avancé, qui s'empare du grand
monsieur et le menace de le faire sortir s'il ne se tient
pas tranquille. Dorcelle lui présente sa carte, en lui disant :
— Et la vôtre ?... Est-ce que vous avez peur que je ne
vous retrouve, vous ?
L'autre lui jette sa carte au nez, puis essaye encore de
sauter sur lui pour le frapper ; mais alors deux agents de
police s'emparent de ce forcené et le font sortir du bal
ainsi que son compagnon, en donnant l'ordre de ne point
y laisser rentrer ces messieurs.
Tout ceci s'est passé dans l'espace de quelques minutes ;
mais pendant cette scène la belle blonde n'a pas cessé
de tenir le bras de Dorcelle et de se presser contre lui.
Enfin, le grand monsieur une fois emmené, la foule s'é-
coule et Dorcelle se trouve seul avec les deux amies, qui
sont encore tremblantes.
— Mon Dieu, murmure Augustina, combien je suis désolée !... Je suis cause de ce qui vient d'arriver... et j'aurais dû le prévoir.. Vois-tu, Nancy, je n'aurais jamais dû
venir ici !...
La jeune femme qui s'appelle Nancy essuie ses yeux
qui étaient pleins de larmes, en balbutiant :

— Jamais on ne nous avait insultées, ni poursuivies comme ces deux hommes.

— Calmez-vous, mesdames, calmez-vous, tout est fini, vous n'avez plus rien à craindre... Je m'estime heureux de m'être trouvé là pour vous protéger.

— Oh ! non, tout n'est pas fini, dit Augustina ; car vous allez avoir un duel... vous battre avec cet homme... vous battre pour moi... que vous ne connaissez pas ; pour moi... qui ne puis récompenser... ce que vous m'avez dit éprouver depuis que vous m'avez vue. Ah ! je vous le répète, je suis désolée !... Je ne me pardonnerai jamais, s'il vous arrivait quelque malheur.

— Mais combien de fois faut-il que je vous dise que je suis enchanté d'avoir pu vous défendre ?... je serais au désespoir si tout autre que moi s'était trouvé là pour être votre protecteur ! Vous ne voulez accorder aucune espérance à mon amour, ne me privez pas au moins du bonheur de vous prouver mon dévouement.

La belle blonde ne répond rien, mais elle soupire et presse fortement le bras de Dorcelle sous lequel elle a passé le sien. Celui-ci éprouve un doux frémissement ; il remercie le hasard qui, en amenant les événements, semble avoir fait faire un pas si rapide à ses amours. Ces trois personnes se promènent dans les allées les moins fréquentées. Augustina, qui semble très-agitée, s'écrie tout-à-coup :

— Mais enfin, est-ce que vous vous battrez avec cet homme ?

— Assurément, je lui ai donné un soufflet, je lui dois un duel.

— C'est juste !...

— Ah ! voyons donc son nom, à ce monsieur ; il m'a jeté sa carte au nez, mais elle est tombée dans mon gilet, je l'ai retenue, la voici... près de ces globes, je pourrai lire : Raoul Hurlebard !... Ah ! mon Dieu... on en a plein la bouche !...

— Et l'adresse ?

— Il n'y en a pas... non... je n'en vois pas... Oh ! mais je pense qu'il m'enverra ses témoins, car il a mon adresse, lui.

— Ah ! que j'ai eu tort... combien je suis punie !...

— De grâce, ne parlons plus de cette affaire ; parlons de vous, que je voudrais tant connaître ! de vous, que je m'étais promis de ne plus aimer et que les événements de cette soirée me rendent encore plus chère !...

— Taisez-vous !... ne me dites pas tout cela... Vous me feriez perdre la tête !...

— Oh ! si cela était possible, que je serais heureux !...

— Nancy, il faut partir...

— Je suis à vos ordres...

— Vous allez partir... et me défendez-vous toujours de vous accompagner ?

— Hélas ! oui... je vous l'ai dit : cela ne vous servirait à rien...

— Je vous reverrai ici jeudi, au moins ?

— Ici ? Oh ! non... non... je n'y reviendrai pas de long-temps ; cette soirée me donne une bonne leçon !...

— Vous ne voulez pas revenir, et vous me défendez de vous suivre !... Je ne vous reverrai donc plus alors ?... mais je ne puis consentir à cela...

— Si... si... vous me reverrez... Je vous le promets !...

— Vous me le promettez?

— Je vous le jure

— Mais quand?

— Ah ! il m'est impossible de vous le dire.

— En quel lieu?

— Je n'en sais rien encore... mais je vous l'écrirai.

— Vous m'écrirez?

— Oui; oh! je sais votre adresse, vous me l'avez dite; je vous le répète, vous aurez de mes nouvelles. Adieu, monsieur Dorcelle, je ne vous parle pas des inquiétudes que je vais éprouver jusqu'à ce que je sache le résultat de l'affaire dont je suis cause...

— Mais comment pourrez-vous le savoir, puisque vous ne me verrez pas?...

— Est-ce qu'une femme ne sait pas tout ce qu'elle veut !... Ne sais-je pas votre nom, votre adresse !... Et ma bonne Nancy n'est-elle pas là pour courir, s'informer, pour me donner de vos nouvelles?... Oh ! je connaîtrai l'issue de votre duel, presque aussitôt qu'il aura eu lieu, et je vous écrirai.

— Allons, puisqu'il en est ainsi, je me résigne à vous quitter... Ah ! c'est bien cruel cependant, mais vous m'écrirez... j'ai votre promesse?

— Oui... oui... je la tiendrai ; viens, Nancy, partons.

Les deux femmes s'éloignent précipitamment, Dorcelle

les regarde aller, puis il revient vers le centre du bal, en se disant :

— C'est égal, je crois que mes amours ne sont pas en mauvais chemin !

En se rapprochant de la danse, il aperçoit Polydore et son fidèle Détraque, qui s'empressent de venir à lui.

— Qu'est-ce qu'on nous a dit, mon cher, est-ce vrai?... Tu as donné un soufflet à quelqu'un ici?...

— Oui, oui, s'écrie le petit Détraque, monsieur a donné le soufflet... je l'ai vu le donner... je passais par là... Ah! bigre, il a même fait du bruit !...

— Et c'est pour cette Augustina... cette sauteuse, que tu as eu cette querelle?

— Eh! bien, pourquoi pas? Si tu voyais insulter une femme devant toi, est-ce que tu ne prendrais pas sa défense?

— Mais, c'est selon quelle femme ce serait!...

— Moi, je ne fais pas de ces réflexions-là ; je commence par secourir la faiblesse qu'on opprime... et je m'étonne que toi, qui étais si enthousiasmé de cette jeune femme, tu me blâmes maintenant parce que je me suis empressé de la défendre contre des insolents?...

— Oh! enthousiasmé!...

— Eh ! eh ! eh ! il ne l'est plus ! s'écrie Détraque en riant ; parce que ce soir, il l'avait encore invitée pour la danse, elle lui a répondu d'un air moqueur qu'il pouvait se dispenser de l'inviter, vu qu'elle ne danserait jamais avec lui.

— Détraque, vous ne savez ce que vous dites, mon

cher; elle ne m'a pas répondu cela... vous entendez de travers ! elle m'a dit : « Vous ne dansez pas assez vite pour moi... »

— Ah ! c'est pour cela que maintenant tu la traites de sauteuse ?...

— Eh bien ! ce soufflet... est-ce que cela aura des suites ?...

— Non ! non ! dit Détraque, on a fait sortir les autres... l'affaire est arrangée !...

— Ah ! vous croyez, monsieur Détraque, que l'affaire est arrangée? Eh bien ! moi, je ne doute pas que ce monsieur ne m'envoie demain matin ses témoins ; et, tenez, si vous voulez être les miens, messieurs, vous saurez mieux que d'autres comment cela se terminera.

Les deux intimes demeurent tout saisis à cette proposition. Polydore rougit, Détraque devient pâle. Cependant le beau gandin se remet et répond :

— J'accepte... ma foi ! oui, j'accepte... un duel, ça fait bien, ça pose dans le monde !... Je ne suis pas fâché d'avoir un duel !

— Mais ce n'est pas toi qui te battras?...

— Raison de plus, je l'aime autant comme ça... Allons, Détraque, nous serons ses témoins, n'est-ce pas ?

Le monsieur mal fait se gratte le nez, se tient sur une jambe, puis sur l'autre, et dit enfin :

— Moi, je n'aime pas les duels... Je les déteste ! Je n'en ai jamais eu, parce que je les déteste... et si les témoins se battent, je n'y vais pas.

— Rassurez-vous, monsieur Détraque, je vous certifie

que les témoins ne se battront pas. Allons, c'est convenu ; je vous attends demain matin à neuf heures. Et je vous offre à déjeuner...

— A déjeuner, ça me va ; mais pour le duel...

— Nous en sommes, dit Polydore, c'est convenu... Détraqué sera mon second !

— Comment, ton second ?... dit Dorcelle ; tu veux donc décidément te battre à ma place ?

— Non, je veux dire... le second de tes témoins.... sinon, je ne sors plus avec lui !

— Alors, à demain, messieurs ; je vais me coucher.

Dorcelle rentre chez lui en pensant à sa belle inconnue, il s'endort et en rêve toute la nuit. Mais, à sept heures du matin, son domestique vient l'éveiller, en lui disant que deux messieurs le demandent pour une affaire urgente. Il se frotte les yeux et ordonne de faire entrer ces messieurs.

Ce sont les deux témoins de son adversaire qui viennent pour s'entendre avec les siens.

— Messieurs, dit Dorcelle, je ne vous attendais pas si tôt, mes témoins ne sont pas encore arrivés ; mais cela ne fait rien, dites vos conditions, et, en leur nom, je les accepte toutes.

— Eh bien ! monsieur, à l'épée, à la porte de Saint-Mandé, à neuf heures précises.

— A neuf heures... diable !... vous ne pourriez pas mettre un peu plus tard ?...

— Non, monsieur, car plus tard nous ne pourrions plus servir de témoins à M. Hurlebard, nos occupations nous en empêcheraient.

8.

— Eh bien ! alors, à neuf heures, soit ! c'est convenu.

Les étrangers sont partis et Dorcelle saute en bas de son lit, en se disant :

— Allons, je n'ai pas de temps à perdre, habillons-nous... Pour être à Saint-Mandé à neuf heures, il faut partir à huit... et comme mes témoins ne doivent arriver qu'à neuf, il m'en faut d'autres. Parbleu ! je vais aller trouver Godineau, il ne me refusera pas et aura bien quelqu'un à emmener avec lui... cela vaudra toujours Polydore et son ami Détraque, qui peut-être m'auraient fait faux-bond.

Dorcelle termine vivement sa toilette, il a fait venir une voiture et se rend chez Godineau.

— Pourvu qu'il ait couché chez lui, se dit-il ; oh ! oui... il va se marier... il doit se ranger.

Le portier, ancien militaire, annonce que M. Godineau n'est pas encore sorti. Dorcelle monte cinq étages, frappe et refrappe à une porte qui n'a pour sonnette qu'un fil de fer cassé près du plafond. Enfin Godineau vient ouvrir en chemise et s'écrie :

— Tiens, Dorcelle ! mais ce n'est que pour jeudi prochain la signature...

— Mon cher ami, je ne viens pas si matin pour signer à votre contrat, mais j'ai une rencontre ; je me bats à neuf heures, il me faut deux témoins... je vous emmène, vous m'en trouverez un autre...

— Je veux bien... j'y vais... pas en chemise, cependant.

— Habillez-vous, je vous attends.

— Oh! ce ne sera pas long; je suis fâché de ne pas avoir mon habit neuf... mais je ne l'aurai que jeudi.

— Vous n'avez pas besoin d'un habit pour venir assister à un duel...

— C'est juste; j'aurai aussi un pantalon neuf jeudi....

— En attendant, tâchez donc de m'avoir un autre témoin...

— Eh parbleu! mon concierge... un ancien militaire... Il sera enchanté d'être témoin; ça lui rappellera son premier métier... et puis, quand il a sa redingote à la propriétaire qui balaye les escaliers mieux que lui, il a une tenue très-convenable.

— Très-bien, va pour le portier... vous l'appelez?

— Le père Moussard.

— Je vais le prévenir, pour qu'il s'apprête et que nous n'attendions pas.

— Allez, ne remontez pas, je suis à vous dans l'instant.

Dorcelle redescend les cinq étages, trouve le portier dans la cour et lui fait sa proposition; le père Moussard saute de joie, jette son balai dans le nez de sa femme qui rentrait avec sa botte à lait, et court dans sa loge faire sa toilette. Madame Moussard demande quelle mouche a piqué son mari, et celui-ci lui crie :

— Un col blanc... un gilet; vite !... Et brosse mon chapeau !...

— Comment! Moussard, tu vas sortir sans déjeuner?

— Je déjeunerai plus tard.

— Qu'est ce qui te presse? Qu'est-il donc arrivé?...

— Une affaire d'honneur... — Avez-vous une épée, monsieur ?

— Ma foi, non, et j'ai oublié d'en prendre !

— J'en ai une paire de fameuses, nous allons les emporter.

La concierge, qui voit son mari prendre ses épées pousse les hauts cris :

— Ah ! Jésus Marie... tu vas te battre... t'auras encore eu une querelle... t'es incorrigible... je ne veux plus que tu ailles à la guerre !... tu n'en as plus le droit... tu es mon homme...

— Mais non, je ne vais pas me battre, fiche-nous la paix !... C'est monsieur qui a un duel et qui me fait l'honneur de me prendre pour son témoin... brosse-moi par derrière...

— Ah ! qué malheur d'avoir un mari guerroyer !

Godineau, qui s'est hâté, arrive bientôt et met les épées dans la voiture; les trois hommes y montent, harcelés par la concierge, qui crie à tue-tête :

— Moussard s'en va en guerre !... Moussard s'en va-t-en guerre !

Et qui, à force de répéter cette phrase, finit involontairement par la dire sur l'air de *Malborough*.

XI

LES TÉMOINS DE DORCELLE

Ce duel se passe comme la plupart des combats singuliers, dans lesquels celui qui a le plus de sang-froid reste toujours vainqueur. L'adversaire de Dorcelle tirait assez bien l'épée, mais il était possédé par la colère, par le désir de se venger, et après avoir légèrement piqué son antagoniste au bras droit, enhardi par ce succès, il se découvre, se presse et reçoit un grand coup d'épée dans le côté. Ses témoins, dont l'un est médecin, l'emportent dans la voiture qui les a amenés, et Dorcelle se rhabille en disant :

— J'aime à croire que la blessure n'est pas dangereuse, car je serais désolé de l'avoir tué !

— Non, non, dit le père Moussard, j'ai examiné [la] blessure; dans les côtes, ça se guérira; mais il en [a] bien pour six semaines à se tenir tranquille !... Du res[te] cela s'est très-bien passé; il n'y a pas le moindre repro[che] à se faire d'aucun côté.

— Mais vous êtes blessé au bras, vous? dit Godin[eau.]
— Oh! presque rien: une piqûre, que je vais envelopp[er] dans mon mouchoir.

— Et que vous laverez avec de l'eau fraîche, monsie[ur,] dit le concierge; il n'y a rien de meilleur pour hâter [la] guérison.

On remonte en voiture. Dorcelle met le père Mouss[ard] devant sa porte, après lui avoir glissé dix francs dans [la] main pour qu'il console son épouse. On arrive un p[eu] avant dix heures chez Dorcelle. Au moment où il ent[re] dans la cour de sa maison avec Godineau. Polydore et [le] petit Détraque allaient en sortir. Ces messieurs sont [en] grande tenue, et fort pâles tous les deux.

— Ah! vous voilà, messieurs; mais il me semble q[ue] vous êtes bien en retard... vous deviez être chez mo[i à] neuf heures.

— C'est vrai, répond Polydore; mais c'est Détra[que] qui n'en finissait pas... il a cassé deux fois ses bretell[es,] il a fallu qu'il en fasse acheter d'autres...

— Vous concevez, monsieur, murmure Détraque, q[ue] je ne pouvais pas être votre témoin sans bretelles!

— Il est certain, dit Godineau en riant, que, si vot[re] pantalon était tombé pendant le combat, cela eût été ca[-] pable de faire peur aux combattants.

— Tu as donc été chercher un troisième témoin, répond Polydore, que je vois Godineau avec toi ?

— J'ai fait mieux que ça, messieurs : je me suis déjà battu, j'ai blessé mon adversaire, et j'ai reçu un léger coup d'épée dans le bras, que je vais faire panser chez le pharmacien en face, si vous voulez bien le permettre.

— Il serait possible ! le duel a déjà eu lieu ?..

— Parbleu ! si l'on vous attendait, on n'en finirait jamais.

Les physionomies des deux intimes deviennent radieuses, M. Détraque s'écrie :

— Eh bien ! ma foi, je suis charmé que cela se soit passé ainsi, et, pour la première fois que je suis témoin dans un duel, nous sommes vainqueurs !... ça me fait plaisir !...

— Ah ça ! est-ce que vous croyez toujours que vous avez été témoin du duel de Dorcelle ? dit Godineau en s'appuyant sur l'épaule excentrique du petit monsieur.

— Mais assurément ! il s'est battu sans nous attendre, ce n'est pas notre faute... mais il nous avait choisis pour ses témoins, et nous avions accepté !...

— Et toi, Polydore, te regardes-tu aussi comme témoin de ce duel ?

— Pourquoi pas ? puisque la chose était convenue...

— Elle est bonne celle-là !... Je la trouve adorable ! Alors, le père Moussard et moi, ne comptons pas ! nous sommes deux zéros !...

— Messieurs, dit Dorcelle, ce qu'il y a de certain, c'est que je vous dois à tous à déjeuner, et que je vous l'offre

avec plaisir. Veuillez vous rendre au café Anglais, j'ir[ai]
vous y rejoindre dans un quart-d'heure.

— Accepté ! accepté !... s'écrie le petit Détraque e[n]
agitant son chapeau en l'air; allons au café Anglais ! [ma]
foi, vivent les duels, ça finit par des déjeuners !.... C'es[t]
charmant ! désormais je veux me fourrer dans toutes le[s]
affaires d'honneur.

— Il est à mettre dans un bocal ! dit Godineau; mais i[l]
ne vaudrait pas un cornichon.

Après avoir été se faire panser et arranger le bras,
Dorcelle rentre chez lui pour changer de toilette, car il
s'était habillé à la hâte pour aller se battre.

Tout en retournant à son logement, il se rappelait qu[e]
celle pour qui il venait de se battre lui avait dit qu'elle
saurait très-promptement l'issue de son duel et qu'elle lui
écrirait aussitôt ; aussi, en passant devant son concierg[e,]
jette-t-il un coup d'œil sur la loge et fait-il un temps d'ar[-]
rêt; mais on ne lui remet rien et il monte chez lui en se
disant :

— Elle n'aurait pas encore eu le temps.

Dorcelle met cette fois beaucoup de lenteur à faire s[a]
toilette, il regarde souvent sa pendule qui ne marque pa[s]
encore onze heures et se dit :

— Il est encore trop tôt pour déjeuner.... mes témoins
peuvent bien m'attendre ; ils prendront du vermouth ou
de l'absinthe... je dirai que l'on m'a fait attendre pour m[e]
panser ; mais je déjeunerais avec bien plus de plaisir, si,
avant cela, j'avais reçu une lettre de cette femme singu[-]
lière.

Cependant onze heures et demie ont sonné ; le jeune homme ne voit rien arriver, il se décide à partir Mais, en passant devant son concierge, celui-ci l'appelle et lui présente une lettre. Dorcelle la prend avec empressement, en s'écriant :

— Comment ! vous ne pouviez pas me monter cette lettre, que j'attends depuis une heure ?

— Mais, monsieur, elle arrive à l'instant même...

— Qui l'a apportée ?

— Une petite dame bien gentille... une brunette qui a de belles couleurs... je lui ai même dit : « M. Dorcelle est chez lui, si vous voulez lui remettre la lettre vous-même... » mais elle a répondu : « Non ! non ! je ne puis pas ; mais donnez-la-lui dès que vous le verrez. » Et psit !... elle s'est envolée.

Dorcelle présume que c'est l'amie d'Augustina qui a apporté la lettre ; il la décachète vivement, se met à l'écart sous le vestibule et lit :

« Grâce au ciel ! vous avez été vainqueur ; je sais que vous avez blessé votre adversaire, après avoir reçu vous-même un léger coup d'épée au bras. Voilà donc une affaire terminée, et je n'oublierai jamais que vous avez exposé vos jours pour moi. Vous m'avez dit que vous m'aimiez, et ce que vous venez de faire me force à vous croire. Je vous ai promis que vous me reverriez, mais quand ?... Il m'est impossible de vous le dire maintenant; je ne me soucie plus de retourner chez Mabille, ma passion pour la danse m'a déjà fait faire trop de folies ! Cependant je tiendrai ma promesse.... et je vous écrirai, pour vous indiquer le jour et le lieu où je pourrai vous revoir et vous remercier encore. Adieu, monsieur Dorcelle, je suis fâchée que vous m'aimiez ! et pourtant... mais je ne dois pas en dire plus.

« AUGUSTINA. »

Dorcelle relit plusieurs fois ce billet ; il en pèse chaque phrase et le résume ainsi :

— Cette jeune femme est probablement entretenue par quelque homme riche, avec lequel elle ne veut pas rompre ; mais je ne la crois pas insensible à mon amour, et elle finira par me céder, parce que toutes les femmes finissent par là, du moment qu'on est parvenu à leur plaire. Il ne s'agit plus maintenant que d'attendre qu'elle me donne un rendez-vous. Mais elle m'en donnera un... elle ne voudra pas me manquer de parole après ce que j'ai fait pour elle. Et, maintenant, allons rejoindre mes témoins.

Godineau avait ingurgité beaucoup de vermouth et le petit Détraque s'était livré à l'absinthe ; le beau Polydore seul n'avait rien pris, il ne cessait pas de dire :

— Dorcelle ne viendra pas !... il nous aura oubliés

Mais Godineau répondait :

— Moi, je suis certain qu'il viendra ! Que diable, messieurs, il a peut-être aussi cassé ses bretelles, comme ce brave monsieur Détraque, avant de se rendre sur le terrain... où il ne s'est pas rendu. Un peu de patience !... mais Dorcelle n'est pas homme à nous faire faux bond pour un déjeuner.

L'arrivée de l'amphitryon met fin à ces discussions. On se met à table, et un déjeuner succulent, des vins bien choisis achèvent de mettre les convives en belle humeur.

— Vous avez l'air très-satisfait, dit Godineau à Dorcelle vers la fin du déjeuner, je gage que les amours sont en bon chemin !

—J'espère, messieurs ; mais je n'en suis encore qu'à l'espérance.

— Une femme pour qui l'on s'est battu, dit Polydore, si elle ne se donnait pas à nous, ce serait... une pas grand'chose !

— Pourquoi donc cela, mon cher ? Une femme n'est jamais forcée de se donner quand elle ne veut pas de nous... à moins du *conjungo* ?

— A propos, messieurs, dit Détraque en se versant du madère, où donc a eu lieu notre duel ?

— C'est juste, dit Godineau ; c'est bien le moins que vous sachiez où s'est passée cette rencontre dont vous avez été témoin !

— A Saint-Mandé, tout près de la porte... ce monsieur Hurlebard avait deux témoins dont un est médecin-chirurgien. Le combat a été très-court... au bout de quelques passes, c'était fini !

— Mon petit Détraque, vous voilà bien renseigné, dit Godineau ; maintenant vous pouvez marcher. Moi aussi, je vais avoir besoin de témoins, pas pour me battre, pour me marier ! mais je ne vous prendrai pas... parce que j'aurais peur que vous ne donnassiez dans l'œil à mon épouse...

— Eh ! eh ! eh !... ça se pourrait bien... j'en suis capable !...

— Comment ! vous allez vous marier, Godineau ? dit Polydore d'un air moqueur. Ah ! mon Dieu !... et quelle est la malheureuse....

Godineau fronce les sourcils en répondant d'un ton qui n'est plus plaisant :

— La malheureuse sera celle qui t'épousera, entends-tu ? parce que tu n'es qu'un sot, un fat, un impertinent et tes trente mille francs de rente ne t'empêcheront pas d'en porter une fameuse paire !...

— Godineau, ménagez vos expressions, je vous prie, sinon...

— Sinon quoi ? veux-tu nous battre ? je ne demande pas mieux ; il y a longtemps que j'ai envie de te corriger...

Godineau se lève à demi, mais Détraque se jette sur Polydore, en s'écriant :

— Ne bougez pas, cher ami, je m'y oppose... Comment ! encore un duel ?... Mais nous n'en sortirons donc pas ?...

— Oh ! soyez tranquille, dit Godineau ; je vous certifie que Polydore n'a pas du tout envie de se battre ; vous n'avez pas besoin de le retenir !

Dorcelle appelle le garçon, paye et emmène Godineau en disant :

— J'espère, messieurs, que tout ceci n'est qu'une plaisanterie... Je termine le différend en séparant les acteurs de cette scène.

Lorsque Godineau est éloigné, Polydore se lève à son tour en disant :

— Quel manant que ce Godineau! Et comment Dorcelle peut-il voir un homme si mal élevé ?.. Partons, Détraque!

Et Détraque se pend au bras du beau gandin, en lui disant :

— Calmez-vous, de grâce, mon cher de Nanterre! Deux duels dans la même journée, c'est trop !... Nous avons servi de témoins ce matin... c'est assez !... Il ne faut pas abuser de ces choses là.

XII

RETOUR DU MARQUIS

Cinq jours se sont écoulés depuis que Dorcelle s'est battu, et il n'a plus reçu aucune nouvelle de la belle danseuse de Mabille, lorsqu'il voit entrer chez lui le marquis Abelino, qui s'empresse de lui serrer la main.

— Bonjour, mon cher Dorcelle ; je suis arrivé d'hier au soir, et ce matin j'ai voulu que vous eussiez ma première visite...

— Ah! c'est bien aimable, cela !... Asseyez-vous, cher marquis, je suis enchanté de vous revoir.

— Dites-moi, je ne vous dérange pas ? vous n'attendez pas ce matin quelque visite de femme ?... C'est qu'entre nous il ne faut pas se gêner...

— Non, non! malheureusement, je n'attends pas une femme... c'est-à-dire j'en espère bien une; mais elle doit me prévenir d'avance de son arrivée, et je n'ai encore reçu aucun avis...

— Ah! je vois qu'il y a du nouveau!... Une intrigue en train... vous allez me conter cela?...

— Ma foi! oui... vous me direz ce que vous pensez de ma conquête; et quand je dis : ma conquête, je m'avance trop; car je ne suis pas encore certain de triompher...

— En vérité! vous piquez ma curiosité...

— Mais, avant tout, donnez-moi des nouvelles de madame ; comment va-t-elle?

— Fort bien, je vous remercie, sa santé est parfaite.

— Je me suis présenté une fois pour lui offrir mes hommages; on m'a dit que, en votre absence, madame la marquise ne recevait personne... je l'ignorais...

— En effet, j'avais oublié de vous faire part de cette circonstance. Ce n'est pas que je sois extrêmement jaloux, mais, vous comprenez... je suis obligé de m'absenter assez souvent, et si ma femme avait reçu alors de fréquentes visites, cela aurait pu faire jaser... le monde est fort méchant! Ma femme m'a proposé elle-même de faire défendre sa porte pendant mon absence; j'ai trouvé que c'était agir très-sagement.

— Du moment que cela vous arrangeait tous deux, vous avez bien fait!

— Mais revenons à vos amours, heureux séducteur! car je vous ai toujours vu triompher des plus rebelles..... des vertus qui avaient la réputation d'être inabordables...

vous affrontiez tous les obstacles, et vous étiez vainqueur!

— Oui, cher marquis ; eh bien ! ici, je ne le suis pas encore, j'ignore même si je le serai jamais !

— Celle que vous courtisez est donc bien surveillée, elle est donc gardée comme la Toison d'or ?

— Celle que je courtise... ah ! je vais bien vous étonner !... c'est une danseuse de chez Mabille.

— Une danseuse de ce bal dans les Champs-Élysées... où les femmes galantes se donnent rendez-vous ?

— Oui... et c'est une de ces dames... dont je suis amoureux comme un fou !...

— Et votre amour n'est pas satisfait ?

— Non, vraiment !

— Je n'y comprends rien !

— Écoutez-moi. Un de mes amis m'avait parlé d'une femme ravissante qu'il avait vue danser à Mabille ; il m'en dit tant sur son compte, qu'il piqua ma curiosité. Je voulus voir ce modèle de beauté et de grâce ; je me rendis à ce bal, et, en effet, je vis une femme qui n'avait pas du tout l'allure, le déhanché de toutes celles qui viennent habituellement dans ce jardin. Elle a quelque chose d'excentrique, mais en même temps de distingué ; sa danse ne ressemble pas aux éternels cancans exécutés par les lorettes ou les grisettes : c'est hardi, c'est original, et ce n'est point canaille...

— Diable ! c'est donc une merveille ? Et elle est jolie ?

— Charmante ! c'est une blonde ; son sourire est adorable et elle sourit souvent ; les plus belles dents !... Une taille bien prise... enfin m'en voilà amoureux ; et puis, ce qui ajoute à l'attrait de sa conquête, c'est que personne dans ce bal n'a encore pu la faire. Après avoir dansé ou polké, elle quitte son cavalier et va reprendre le bras d'une amie avec laquelle elle vient et s'en va, sans accepter le bras, le punch, les glaces et toutes les propositions qui lui sont faites !

— De plus fort en plus fort ! Une vertu à Mabille... je n'aurais pas été en chercher là !

— Je fis comme les autres, je lui débitai... tout ce que nous disons aux femmes dont nous avons envie. On m'écouta en riant. Je voulus la suivre, la reconduire : on me le défendit si formellement que je n'en fis rien ; seulement on me promit de revenir au prochain bal...

— C'est déjà un rendez-vous.

— Cette seconde fois, le hasard me fournit l'occasion de la défendre contre les entreprises de deux de ces messieurs qui croient que du moment qu'une femme danse en public on a le droit de la traiter comme une saltimbanque. Je donnai un soufflet à l'insolent, et, le lendemain, un grand coup d'épée.

— Diable ! un duel ! Oh ! mais voilà qui devient sérieux ! Un duel pour une courtisane... car on ne saurait nommer autrement les dames qui vont habituellement dans ce jardin !... Quelle folie !

— Mon cher Abelino, vous en eussiez fait tout autant que moi si vous aviez été à ma place. Auriez-vous laissé un homme prendre de force le bras d'une femme qui depuis longtemps le suppliait de cesser de la poursuivre ?

— Non, non... vous avez raison, j'aurais agi comme

9.

vous. Enfin, vous avez été vainqueur, et votre belle blonde vous devait une récompense ?...

— Ma belle blonde était désolée d'être cause de cette rencontre, mais je vis bien que cet événement m'avait fait faire de grands progrès dans son cœur.

— Elle vous accorda un rendez-vous ?

— Oh ! nous n'allons pas si vite que cela !... Entre nous, je crois cette femme entretenue par quelque grand personnage dont elle redoute la vengeance. Ce qu'il y a de certain, c'est qu'elle s'entoure de mystère, ne veut pas qu'on la suive et, probablement, n'est pas toujours libre de ses actions.

— Elle s'entoure de mystère, et elle va danser chez Mabille ! Comment accordez-vous cela ?

— C'est vrai... cela ne s'accorde pas... mais les femmes sont si bizarres !... Au reste, depuis la scène dont elle a été cause, elle paraît ne plus se soucier de retourner à ce bal ; je comptais l'y revoir, elle m'a prévenu qu'elle n'irait pas ; mais, cédant à mes prières, au désir que j'ai de la revoir, elle m'a promis de m'écrire lorsqu'elle serait libre et de m'accorder une entrevue. En attendant, quelques heures après mon duel, j'ai reçu d'elle le billet que voici... tenez... je l'ai toujours dans ma poche... Oh ! vous pouvez le lire...

Dorcelle sort de sa poche le billet qu'il a reçu d'Augustina et le passe au marquis, qui le lit avec attention, puis sourit en s'arrêtant sur ces mots : « *Je suis fâchée que vous m'aimiez; et pourtant... mais je ne dois pas en dire plus !...* »

— Mon cher ami, voilà une phrase qui en dit assez! Vous êtes aimé, et, au premier rendez-vous, je vous garantis un triomphe complet!

— Ah! puissiez-vous dire vrai!...

— Tenez, reprenez votre lettre, ce premier gage d'amour si précieux tant qu'on est amoureux, et que l'on jette au feu dès qu'on ne l'est plus.

— Voilà où en sont mes amours, et maintenant j'attends ce rendez-vous qu'on a promis de m'accorder.

— Y a-t-il longtemps que tout cela s'est passé?

— Il y a cinq jours que je me suis battu, pas davantage; et mon bras me fait encore très-mal.

— Pourquoi ne le portez-vous pas en écharpe?

— Je tiens ma main dans mon paletot, cela suffit.

— D'ici à quelques jours vous recevrez votre rendez-vous, cela vous guérira, Dorcelle; il faudra que vous me fassiez voir votre belle blonde, ce que vous m'en avez dit pique ma curiosité!

— Ah! mais, permettez! si vous alliez en devenir amoureux!...

— Ne craignez pas cela; maintenant je suis sage, je m'en tiens à ma femme!

— Franchement, madame la marquise est assez jolie pour que l'on s'en contente.

— Dites-moi, mon cher, nous reprenons demain nos petites réunions... on vous verra, j'espère?

— Oui; certainement, j'aurai ce plaisir.

— Alors, à demain. Je vous quitte, car je suis accablé

d'affaires... Allons, tout va bien, et avant peu vous m'apprendrez votre victoire complète.

— Je vous promets que vous en serez le premier instruit!... Ah! encore un mot, marquis; je pense que vous gardez pour vous toutes les folies que je vous confie?... Je ne voudrais pas que madame la marquise sût tout cela... les dames sont toujours portées à se moquer de nous... cette passion pour une danseuse de Mabille me ferait du tort dans le grand monde.

— Soyez donc tranquille; me croyez-vous assez bavard pour parler de ces choses-là à Fidélia? D'ailleurs, avec leur femme, les maris prudents ne doivent jamais causer d'intrigues amoureuses, cela pourrait leur donner l'idée d'en essayer un peu. Au revoir; à demain!

Le marquis est parti. Dorcelle ressent comme une douce émotion en songeant que le lendemain il reverra la belle Fidélia; il est tout étonné que le sentiment qu'il éprouve pour la charmante blonde n'ait pas entièrement banni de son cœur le commencement d'amour qu'il ressentait pour la marquise, et il se dit : — Cela prouve que l'on peut très-bien aimer deux femmes à la fois!... D'ailleurs, ce Polydore a beau dire, il y a certainement de la ressemblance entre Augustina et la femme du marquis... et c'est probablement pour cela que je voudrais bien les posséder toutes les deux.

XIII

MÉCHANCETÉS DE LA BARONNE

Le lendemain, sur les neuf heures du soir, il y avait déjà beaucoup de monde dans les salons de l'hôtel Abellino. La marquise, parée avec encore plus de recherche, plus d'élégance qu'à ses précédentes soirées, portait sur ses beaux cheveux noirs, qui sont plus que jamais amoncelés sur son front, un gros diamant qui jetait un feu extraordinaire, mais qui nuisait quelquefois à l'éclat des yeux de la superbe Fidélia. Lorsqu'on voulait contempler les traits charmants de cette dame, le diamant, comme une lumière électrique, vous éblouissait la vue et ne vous permettait pas de la regarder longtemps.

Malgré la grâce et le sourire avec lesquels la marquise

recevait son monde, il y avait dans sa physionomie comme une secrète expression de mélancolie qui perçait sous les efforts qu'elle faisait pour la cacher. Assez souvent elle portait ses regards vers l'entrée du salon, mais c'était comme à la dérobée; elle ne voulait pas laisser deviner qu'elle s'impatientait de ne point voir arriver la personne qu'elle désirait.

Enfin on annonce M. Adrien Dorcelle. Alors la figure de la marquise s'éclaircit; elle ne regarde plus vers la porte; elle feint, au contraire, d'être occupée d'un autre côté, mais elle sait bien que celui que l'on vient d'annoncer s'empressera de venir la saluer.

En effet, le premier soin de Dorcelle est de chercher des yeux la marquise, puis de se faufiler à travers la nombreuse société qui envahit les salons et de s'approcher de la maîtresse de la maison, à laquelle il adresse les compliments d'usage en cherchant à obtenir d'elle un regard et un sourire. Mais la belle Fidélia semble d'abord craindre de regarder celui qui lui parle et, tout en lui répondant avec cette voix sourde mais vibrante, si rare chez une femme, elle tourne et retourne si souvent la tête qu'il faut renoncer à voir l'expression de sa physionomie.

Au bout d'un moment, cependant, cette agitation se calme, et Dorcelle peut une seconde envisager la marquise, tout en lui disant :

— L'absence de mon ami Abelino m'est doublement pénible, puisqu'elle me prive aussi du plaisir de vous voir, madame.

— Oui, pendant les voyages de monsieur le marquis, je

ne reçois personne... Je sais que vous avez pris la peine de venir...

— La peine n'était pas de venir, mais de n'être point admis près de vous.

— Allons, convenez que la privation n'était pas bien grande ; vous me faisiez une visite de politesse, et voilà tout !

— Non, madame, je ne conviendrai pas de cela, parce que je mentirais !... Ce n'est pas seulement la simple politesse qui peut conduire chez vous... du moins, pour moi, il y a toujours un secret contentement... un secret bonheur... dont je ne pense pas que vous puissiez être offensée.

Fidélia est quelques instants sans répondre ; elle baisse ses beaux yeux, qu'elle n'ouvre jamais qu'à demi, comme font les personnes qui ont la vue faible et craignent une trop grande lumière. Elle murmure enfin :

— Vous êtes-vous beaucoup amusé depuis que nous ne vous avons vu ? Avez-vous été souvent dans le monde, à de beaux bals, à de belles fêtes ?

— Non, madame, au contraire, j'ai été fort peu dans le monde. Je me suis contenté de la société de quelques amis, et pour promenades de ces endroits publics où l'on entend d'assez bonne musique.

— Oui, aux Champs-Élysées, il y a maintenant des concerts charmants... C'est là tout ce que vous avez vu d'intéressant ?

— Mais... à peu près !...

— On, du moins, c'est tout ce que vous jugez devoir me dire ?

— Il est certain que je ne puis pas absolument tout vous dire... d'autant plus que cela ne vous intéresserait pas...

— Vous croyez ?... Vous vous trompez peut-être... Il y a de ces aventures qui intéressent toujours les femmes; les intrigues d'amour, par exemple; oh! j'aime beaucoup cela!... Et vous n'en avez pas une toute petite à me raconter ?...

— Non, madame.

— Comment! monsieur, vous n'avez pas été amoureux depuis trois semaines au moins que je ne vous ai vu!... Oh! je ne croirai jamais cela !...

Dorcelle hésitait ; il ne savait trop que répondre. L'arrivée de la baronne de Bréville interrompt la conversation. Cette dame vient à la marquise en s'écriant :

— Eh! bonsoir, ma toute belle! mon Dieu! qu'on a de peine à parvenir jusqu'à vous... vous avez tant de monde! C'est comme à un bal de l'Hôtel de ville !... Ah! vous avez mis votre gros diamant dans vos cheveux... ça fait bien... cela donne dans l'œil de ceux qui vous regardent... cela éblouit... on ne sait plus ce qu'on voit! Tiens !... c'est M. Dorcelle avec qui vous causiez... Ah! vous voilà, vaillant paladin! chevalier galant, défenseur des belles !... Et par quel hasard n'avez-vous pas votre bras en écharpe? Vous avez été blessé pourtant....

— Moi, madame ?... répond Dorcelle, cachant avec peine son dépit; mais qui a pu vous dire ?...

— Eh! mon Dieu! ce n'est pas un mystère, je pense? quand on donne un soufflet à quelqu'un dans un endroit public, cela se sait tout de suite partout ; d'ailleurs, c'est le jeune Polydore de Nanterre qui m'a dit cela, et il doit bien le savoir, puisqu'il a été un des témoins de votre duel.

— Quel infâme bavard que ce Polydore!...

— Ah! vous ne vouliez pas que cela se sût!... Je conçois; c'est à cause de l'héroïne de l'affaire... une sauteuse! une danseuse de chez Mabille... Mais aussi, comment un jeune homme comme vous peut-il se faire le chevalier, le protecteur d'une femme comme celle-là? Mon cher ami, vous êtes impardonnable! Que l'on se batte pour une femme honnête qui trompe son mari... comme cela arrive tous les jours, à la bonne heure! c'est bien ; c'est le devoir d'un amant. Quelquefois il tue le mari... c'est un malheur! la femme se console bien vite... tout est pour le mieux. Mais aller exposer ses jours pour une de ces danseuses de cancan qui lèvent leur jambe à la hauteur de leur nez!... Ah! franchement, cela ne se comprend pas!...

Étourdi par ce flux de paroles que madame de Bréville débite avec ce plaisir qu'elle éprouve à dire des méchancetés et cette voix criarde qui se ferait entendre dans plusieurs pièces en même temps, Dorcelle ne sait que répondre ; il est d'autant plus contrarié qu'en entendant parler d'un soufflet, d'un duel, tout le monde s'est approché, et l'on fait cercle autour de la baronne. Quant à la marquise, dès les premières paroles de madame de Bréville, elle a tourné la tête de manière à ce que ni cette dame, ni Dorcelle, ne puissent voir sa figure, et l'impression que lui cause ce qu'elle entend.

— Je suis surpris, madame, dit enfin Dorcelle en reprenant son assurance, que vous me fassiez un crime d'avoir pris la défense d'une personne de votre sexe.

— Mon sexe!... Mon sexe!... Ah! par exemple! est ce que ces femmes-là sont de mon sexe!... des sauteuses, des bambocheuses... je vous remercie de me comparer à ces femmes-là!...

— Non, madame, je ne vous compare pas à la personne pour laquelle je me suis battu... et qui est de la plus grande beauté!...

— Ah ça! mais, c'est presque une impertinence que vous me dites là, monsieur?... Voudriez-vous avoir un autre duel?...

— Je n'ai pas eu l'intention de vous offenser, madame; mais je serais charmé que vous voulussiez bien m'envoyer votre protégé, le jeune Polydore, qui vous a menti en disant qu'il avait été témoin de mon duel... Il est arrivé chez moi, à Paris, lorsque le combat avait déjà eu lieu à Saint-Mandé.

La baronne éclate de rire, puis reprend :

— Non, non, mon cher monsieur Dorcelle, je ne veux pas que vous battiez encore!... Vous devez être fier de votre duel, cela doit vous suffire. Je vous accorde encore que cette femme est jolie, fort jolie ; Polydore me l'a dit aussi. Elle se nomme Augustina, vous voyez que je suis bien renseignée? et on la surnomme la Belle Blonde! mais si la beauté était tout le mérite d'une femme, où en serions-nous, grand Dieu ! et quel monde serions-nous exposées à coudoyer dans nos salons ! N'êtes-vous pas de mon avis, chère marquise ? il faut autre chose à une femme que de la beauté pour trôner dans un salon ! Elle est jolie ! elle est belle !... Ces messieurs croient avoir tout dit quand ils ont ainsi fait le portrait de leur idole... Mais cela ne me suffit pas, à moi ; je veux savoir si cette femme est bien née, si elle a été élevée convenablement, enfin si elle a un nom qui lui permet d'être admise dans la bonne compagnie et de s'asseoir près de nous... N'est-ce pas que j'ai raison, chère marquise ?

La méchanceté, l'ironie éclataient dans les yeux de la baronne ; il était facile de voir que c'était avec intention qu'elle s'adressait alors à la marquise. Mais celle-ci, comme une lionne qui vient de sentir enfin le plomb qui l'a blessée, relève fièrement la tête et, regardant avec fermeté madame de Bréville, lui répond, en accentuant ses paroles :

— En vérité, madame, je ne sais pas pourquoi vous vous adressez à moi pour être juge dans tout ceci. Vous devriez vous être aperçue depuis longtemps que nous n'avons pas la même manière de voir et de penser. Vous en voulez beaucoup aux femmes qui sont jolies !... je ne veux pas en chercher la raison... mais je crois que vous aurez bien de la peine à les empêcher de plaire. Celles qui sont laides y parviendraient peut-être aussi si elles étaient aimables et bonnes ; mais elles font tout le contraire. Vous blâmez M. Dorcelle parce qu'il a pris la défense d'une femme qui dansait à Mabille ; moi, je lui en fais compliment. C'est toujours le devoir d'un homme de protéger celle qu'on outrage, et ceux qui hésitent alors et craignent de se compromettre ne sont à mes yeux que des lâches qui ne méritent pas qu'une dame leur donne le bras.

Les hommes qui entourent la marquise applaudissent tous à ce qu'elle vient de dire et s'écrient qu'elle a parfaitement raison. Madame de Bréville rougit de dépit et s'éloigne en disant :

— Ah! vous défendez les sauteuses... c'est différent! Alors M. Dorcelle a le droit de lui donner le bras, comme c'est heureux pour lui!... Ah! ah! ah! Où en sommes-nous, mon Dieu!...

— Que cette dame est méchante! murmure Dorcelle lorsque la baronne est éloignée.

— Oh! oui, répond Fidélia; si elle pouvait tuer avec ses paroles, je crois qu'elle aurait déjà bien des meurtres à se reprocher!

— Mais vous, madame, combien vous êtes bonne!... Vous avez pris ma défense...

— Vous n'aviez pas même besoin d'être défendu .. je louerai toujours un homme d'avoir protégé une femme, quelle que soit cette femme! Mais vous voyez bien que j'avais raison tout à l'heure en vous disant que vous deviez avoir quelque intrigue d'amour à me raconter?...

— Il est vrai; mais je n'aurais pas osé vous parler de celle-là

— Pourquoi donc cela ? Est-ce qu'elle ne vous plait déjà plus, cette Augustina?... car il paraît qu'elle se nomme Augustina...

— Oh ! pardonnez-moi... elle me plaît toujours...
— Vous l'aimez ?...
— Mais... je...
— On dirait que vous n'osez pas en répondre ?...
— Si fait ; mais cela me semble singulier de vous dire cela... à vous !
— Et pourquoi donc ? Ne me croyez-vous pas digne de votre confiance ?
— Ce n'est pas cela... mais je ne vous trouve pas faite pour les rôles de confidentes... vous devez tenir le premier emploi.
— Vous éludez ma question. Je vous demande si vous aimez vraiment cette personne pour laquelle vous vous êtes battu ; si ce n'est pas seulement un de ces caprices de jeunes gens qui se croient obligés d'aimer toutes les femmes qui sont jolies et qui, par le fait, n'en aiment aucune ?
— Oh ! non, ce n'est point un simple caprice... et d'abord cette Augustina ne pouvait pas manquer de me plaire...
— Pourquoi donc ?
— Elle vous ressemble, madame !
— Oh ! voilà de ces compliments que je n'admets pas !... Elle me ressemble... vous croyez devoir me dire cela parce qu'on assure que cette femme est fort bien...
— Non, non, je vous certifie qu'Augustina a beaucoup de vos traits... si vous étiez blonde... si votre front était dégagé... votre voix plus claire...
— Ah ! ah ! enfin, si j'étais tout autrement que je ne suis,

je ressemblerais beaucoup à votre conquête, n'est-ce pas? Laissons là cette ressemblance qui n'existe que dans votre imagination, et répondez donc franchement à ce que je vous demande : aimez-vous véritablement cette femme?

Dorcelle hésite un moment, puis tout à coup cédant, comme malgré lui, à ce qu'il éprouve, il répond :

— Eh bien ! oui, madame ; je l'aime, je l'adore, j'en suis fou !...

— Eh ! allons donc, monsieur ; on a bien de la peine à vous arracher cela !...

La marquise a dit ces derniers mots comme si elle venait de remporter une victoire. Mais en ce moment son mari s'avance et prend le bras de Dorcelle, qu'il emmène dans une autre pièce, en lui disant à l'oreille :

— Mon cher, je viens d'apprendre votre discussion avec la baronne ; j'espère que vous ne m'accusez pas de vous avoir trahi. Je n'avais soufflé mot à personne de ce que vous m'aviez confié; mais il paraît que votre ami Polydore a été moins discret... C'est lui qui va colporter partout votre amour pour une femme galante et votre duel, dont il prétend avoir été l'un des témoins...

— Mon cher marquis, je ne vous ai pas soupçonné un seul instant. Polydore est une portière, et il enjolive son récit de mensonges, car il n'a pas été mon témoin. Au reste, si madame de Bréville s'est tant soit peu moquée de moi, madame votre épouse a pris ma défense, et je vous avoue que je tiens beaucoup plus à l'estime de madame la marquise qu'à celle de la baronne.

— Mon cher ami, quand les femmes nous attaquent

avec tant d'acharnement, c'est qu'elles voudraient bien être attaquées par nous !... Voulez-vous faire un riche mariage ? je gage qu'avant deux mois vous êtes l'époux de la baronne !

— Merci, merci ! cela ne me tente pas... ce serait payer trop cher la fortune.

Après avoir encore passé une heure chez le marquis, ne pouvant plus causer avec la belle Fidélia qui est sans cesse entourée de monde, Dorcelle s'esquive furtivement.

XIV

PAR OU UN MARIAGE PEUT MANQUER

Trois jours plus tard, Godineau arrivait de grand matin chez Dorcelle, tout essoufflé, tout rouge, tout empressé, et lui criait de la porte :

— C'est pour aujourd'hui, mon cher ami, la signature de mon contrat de mariage avec Erato Transtafare, fille mineure, superbement élevée et constituée, et dont la fortune est claire comme la lumière électrique. J'espère que je puis toujours compter sur vous, et que rien ne vous empêchera d'être mon témoin?

— Mais assurément, mon cher Godineau; je suis tout à votre disposition. A quelle heure et où faut-il se rendre?

— C'est à cinq heures, chez la respectable tante, madame Godiberte Transtafare... J'aime beaucoup cette heure de cinq heures! elle est bien proche de celle du dîner, et, après la signature du contrat et toutes les formalités remplies, j'aime à croire qu'on me retiendra à dîner, moi et mes témoins.

— Mon cher Godineau, je ne tiens pas du tout à dîner chez votre future; je vous préviens d'avance que je n'accepterai pas.

— Pourquoi donc cela?

— Parce que je suis persuadé que je m'y ennuierais beaucoup.

— Au fait, c'est possible; mais nous n'en sommes pas là... Je suis bien sûr que Chipemann acceptera.

— Qu'est-ce que c'est que Chipemann?

Godineau se gratte le nez, tâche de prendre un air sérieux, se mord les lèvres pour ne pas rire, puis répond :

— C'est un industriel très-riche... c'est mon autre témoin... un homme qui s'habille supérieurement.

— C'est singulier! je ne vous ai jamais entendu parler de ce M. Chipemann... l'ai-je vu avec vous?... Ah! vous riez! allons, il y a quelque facétie là-dessous!... Est-ce que c'est encore le père Moussard dont vous avez fait un riche industriel ?

Godineau se tord de rire, et s'écrie enfin :

— Non, ce n'est pas mon portier, mais c'est mon tailleur... et vous allez comprendre pourquoi. Je devais déjà à Chipemann une petite note assez ronde, et j'avais besoin d'un costume neuf complet pour me marier. Je lui dis : « Mon cher, il faut que vous me fassiez un habit noir extrafin, pantalon idem et gilet de drap de soie : c'est pour me marier. » Ce misérable tailleur me répond : « Pas seulement un galeçon de pain ; fous me devez déjà trois cent trente-cinq francs, baillez-les-moi et che fous rhabille tout à neuf. — Mais, lui dis-je, je vous payerai le tout ensemble; je vais me marier; en signant le contrat je touche sur-le-champ dix mille francs, j'aurai bien de quoi payer votre mémoire. » Ce maudit tailleur ne voulait pas croire que j'allais vraiment me marier; il prétendait que c'était encore une histoire que je lui faisais pour me faire habiller à neuf. « Pardieu! m'écriai-je, il y a un moyen de vous convaincre; soyez un de mes témoins! Je me garderai bien de vous présenter comme mon tailleur, je dirai que vous êtes un industriel, un entrepreneur en draps; vous signerez à mon contrat, vous me verrez palper la dot et avant de me quitter je vous aurai glissé dans la main un billet de cinq cents. » Cette proposition le fit réfléchir, et il accepta.

— Et vous avez votre costume complet?

— Je ne l'ai pas encore. Chipemann doit me l'apporter à quatre heures, en venant me prendre. Il a eu le front de me déclarer qu'une fois que je serais habillé, il ne me quitterait plus d'une minute jusqu'à ce que je l'aie payé, et que, si je ne le payais pas, il reprenait les vêtements neufs!...

— Diable! mais c'est pis qu'un garde du commerce!... Ceux-là ne vous déshabillent pas, au moins!

— Ah! c'est que je me suis souvent moqué de lui mais, cette fois, je suis bien tranquille, puisqu'il est convenu que je palpe les dix mille francs sitôt le contrat signé. Je me débarrasserai bien vite de cette sentinelle !

— Vous ne m'avez pas donné l'adresse de madame Transtafare ?

— Rue de Braque, au Marais... Mais je réfléchis que je viendrai vous prendre... cela vaut mieux ; comme ça, nous arriverons tous ensemble.

— Soit, alors je vous attendrai, et à cinq heures moins le quart je serai prêt.

— Fort bien... merci, à tantôt. O Dieu ! dire que je vais me marier... ça me fait un effet !... Il y a des moments où cela me donne mal au ventre !... est-ce de plaisir ? je n'en suis pas bien sûr !

Godineau est parti. Dorcelle va se promener à cheval. Avant de sortir, il ne manque pas de s'informer s'il y a des lettres pour lui ; il le demande également chaque fois qu'il rentre, puis il soupire lorsqu'on lui répond :

— Rien, monsieur, rien absolument.

Un peu avant cinq heures, notre amoureux est habillé et tout prêt pour la cérémonie à laquelle il est convié. Godineau ne se fait pas attendre, il arrive avec son autre témoin. Le tailleur est un grand homme sec, jaune, long, maigre, roux de cheveux, portant toute sa barbe sur une figure angulaire et patibulaire, où brillent deux yeux d'oiseau de proie qui ont l'air de toujours chercher sur quoi ils pourront mettre la main. Du reste, une mise irréprochable, du linge très-blanc, une tenue bien roide, l'air d'un major prussien en bourgeois. Tel est M. Chipemann, qui entre derrière Godineau, salue gravement

Dorcelle et se tient debout sans parler dans un coin de la chambre.

Quant au futur époux, il est en noir et tout neuf des pieds à la tête; l'habit et le pantalon sont d'un fort beau drap, le gilet de soie a une coupe élégante, seulement tout cela semble un peu juste, et le pantalon surtout paraît gêner la marche de Godineau, qui est rouge comme un coq, s'est fait friser, faire une raie, et tient à la main une paire de gants blancs, qu'il n'a pas encore essayés. Il va se poser devant Dorcelle, en s'écriant :

— Comment me trouvez-vous?

— Superbe! votre mise est irréprochable... seulement... marchez donc un peu... il me semble que tout cela est étroit, et que vous êtes gêné dans vos vêtements...

— Un peu... c'est ce que j'ai dit à Chipemann... c'est trop juste! Scélérat de Chipemann! il a trop ménagé l'étoffe.

— Mais non, monsir, il y en affre pien assez!...

— C'est surtout le pantalon qui me bride le ventre, et je suis avant dîner!...

— Ça se fera, on lâche le bucle!

— Enfin, c'est égal, je ne pense pas que ma future épouse, la fière Érato, puisse trouver quelque chose à redire dans ma personne... Oh! c'est qu'elle est si chatouilleuse sur les formes, ma fiancée! Je suis certain qu'elle ne m'épouserait pas si je n'étais point en noir; mais j'y suis... et tout neuf... Partons, messieurs, la voiture est en bas, il ne faut pas qu'un futur se fasse attendre...

On part. M. Chipemann se place respectueusement sur le devant de la voiture, en continuant de se tenir bien roide et de ne point souffler mot.

— N'est-ce pas qu'il a une bonne tournure, cet arabe de Chipemann? dit Godineau en riant.

— Monsieur a une tenue parfaite.

— J'ai bien envie de le présenter comme baron... monsieur le baron Fritz... C'est votre petit nom, Fritz?

— Ya, Werther Fritz...

— Monsieur le baron Werther Fritz de Chipemann !... ça fera très-bien !... J'ai envie d'ajouter millionnaire.

— Oh! *nix*... et je zuis bas...

— Eh! mon Dieu! vous n'êtes pas baron non plus!... Qu'est-ce que cela fait? quand on est en train de mentir, il faut y aller ferme... mais vous ne voulez pas être millionnaire, eh bien! je dirai tout bonnement actionnaire... dans le canal de Suez... Ah ! c'est gentil, ça?...

— Ya, che veux pien.

— Godineau, mettez donc vos gants, vous allez les oublier...

— Oh! c'est vrai... fichtre! les gants blancs! voilà encore une chose indispensable aux yeux d'Érato!... Ah! diable... ils sont comme le reste du costume... diablement étroits. Je ne pourrai jamais entrer ma patte là-dedans... Je voulais les essayer, la marchande n'a pas voulu, elle m'a dit : « Monsieur, chez moi, on ne les essaye jamais! j'ai pris la mesure de vos doigts, cela suf-

10.

fit... Je vous réponds qu'ils h ont.» C'est étonnant comme ils vont... j'en sue !

— Donnez-vous le temps.

— Mais je ne peux pas me donner le temps... nous voilà arrivés... Ah! enfin... la main droite y est... tant pis, je mettrai l'autre plus tard... c'est ici ; descendons, messieurs.

La voiture s'est arrêtée devant une de ces vieilles maisons, comme on n'en trouve plus guère qu'au Marais, qui est le plus ancien quartier de Paris. On traverse une grande cour, dans laquelle l'herbe se permet de se montrer, comme dans les rues de Versailles. On monte un escalier fort large qui ferait honte aux petits escaliers tout étroits que l'on fait à présent pour les maisons nouvelles; on trouve à chaque étage de vastes paliers, avec lesquels on ferait maintenant un appartement complet.

— Tiens! dit Dorcelle, tout ceci ressemble étonnamment à la maison dans laquelle demeure M. Grosbœuf!

— C'est vrai, il y a de l'analogie; écoutez donc, c'est le même quartier.

Enfin on sonne chez madame Transtafare, et la vieille domestique, qui ouvre la porte, dit à Godineau :

— Arrivez donc, monsieur, vous êtes presque le dernier!... Mademoiselle a déjà murmuré sourdement!...

Ces paroles font presser le futur époux, il n'y avait plus moyen de songer à mettre son gant gauche, il faut bien vite entrer au salon.

On entre dans une immense pièce, dans laquelle étaient réunies une douzaine de personnes. D'abord madame

Transtafare et sa nièce, puis deux amies de la future, puis une vieille dame sourde, ancienne amie de la maison, et son petit fils, enfant de sept ans, auquel on mettait encore un bourrelet; puis un petit vieillard tout ratatiné, qui portait de la poudre et une queue, c'était le propriétaire de la maison, et il avait l'air aussi âgé qu'elle; puis un énorme monsieur d'une cinquantaine d'années, qui fermait souvent les yeux pour se donner l'air de méditer, mais qui, parfois, oubliait de les rouvrir et laissait alors entendre un léger ronflement; mais à côté de lui se tenait son neveu, qui avait ordre de pousser légèrement le coude de son oncle, lorsqu'il voyait que celui-ci allait s'endormir. Ce gros monsieur était un des témoins de la future. Puis un autre monsieur chauve, qui s'occupait continuellement à ramener sur son front les cinq ou six cheveux qui flottaient encore derrière ses oreilles, et enfin le notaire et l'un de ses clercs qui dissimulaient mal leur envie de bâiller.

Madame Transtafare, en robe de damas vert, avait l'air encore plus sévère que de coutume; elle se tenait tout d'une pièce, et semblait montée sur des ressorts. Sa nièce, tout en blanc, était une assez belle fille, mais elle avait un air de pruderie et de dédain qui donnait fort peu de charme à sa physionomie. Ses deux amies affectaient la même tenue roide, et y ajoutaient un air maussade qui en augmentait l'effet.

À l'arrivée du futur et de ses témoins tout le monde se lève, excepté le gros monsieur, dont l'envie de dormir avait résisté aux coups de coude de son neveu, et mademoiselle Érato murmure un : « C'est bien heureux! »

Godineau, après avoir salué comme un maître de danse, présente ses témoins à la tante :

— Monsieur Adrien Dorcelle, riche capitaliste ; mon-Fri... Werther, baron de Chipemann... actionnaire du canal de l'Ourcq.

Dorcelle retient avec peine une envie de rire. Godineau s'aperçoit qu'il a dit une bêtise, mais la société n'y a point fait attention, et il ne juge pas nécessaire de se reprendre. Madame Transtafare paraît assez satisfaite des deux témoins; on échange les salutations, mademoiselle Érato dit à demi-voix à Godineau :

— Vous avez montré bien peu d'empressement, monsieur, vous arrivez après tout le monde... c'est peu flatteur !...

— Mademoiselle, excusez-moi... c'est le baron qui m'a fait attendre...

— Allons, il suffit... pas un mot de plus ; mettez-le...

— Comment, mademoiselle ?

— Je vous dis de le mettre...

— Mademoiselle... c'est bien mon intention... mais...

— Il ne suffit pas de votre intention !... Vous devriez déjà l'avoir mis !

— Ah ! vous croyez ?...

— On n'entre pas dans un salon avec une seule main gantée, c'est beaucoup trop sans façon.

— Ah ! c'est mon gant que vous voulez que je mette !...

— De quoi pensiez-vous donc que je parlais, monsieur ?

— Mon Dieu!... je ne sais pas... le bonheur que j'éprouve en ce moment est si grand, que parfois j'entends tout de travers... Je vais mettre mon gant, mademoiselle.

— Ce sera bien heureux !

Cependant le gros monsieur, ayant reçu de son neveu un coup de coude plus fort, vient de s'éveiller en sursaut et s'écrie :

— Eh bien ! signons-nous... je suis tout prêt... Pourquoi ne signe-t-on pas ?

— Un moment, monsieur Triboulet, dit madame Transtafare, nous attendons encore M. le chevalier de Ballifolle, qui veut bien nous faire l'honneur de signer au contrat... C'est un homme qui est presque toujours chez les ministres, et que l'on n'a pas comme on veut !... Vous comprenez que nous devons l'attendre... mais il viendra, oh! il viendra, il me l'a solennellement promis.

— Celui-là a du moins le droit de se faire attendre, dit à demi-voix Érato, en regardant son futur, qui a déjà fait craquer deux doigts de son gant gauche.

— C'est donc un bien grand personnage que le chevalier de Ballifolle ? murmure Godineau, en faisant de vains efforts pour faire entrer son pouce. Je ne l'ai pas encore vu chez vous.

— Il y vient très-rarement, parce qu'il est toujours retenu, invité par les premières maisons de Paris... Aussi, nous devons lui savoir infiniment gré de vouloir bien se déranger pour signer à notre contrat !

— Je lui en saurai gré s'il ne se fait pas attendre longtemps...

— Chut ! on sonne... ce doit être le chevalier... si sévère sur l'étiquette ! et vous n'avez pas achevé de mettre votre gant !

— J'ai mis trois doigts, mademoiselle, il m'est impossible de faire plus pour ce monsieur.

La porte du salon s'ouvre, la bonne annonce, en faisant ronfler sa voix : « Monsieur le chevalier de Ballifolle ! » Et un petit homme d'une cinquantaine d'années, bien maigre, bien sec, qui répand la même odeur qu'une pastille du sérail, entre en sautillant, salue en se tortillant, absolument comme le ferait un singe habillé en gandin. Et sa figure prête beaucoup à la comparaison : il est horriblement laid, et sa toilette recherchée, ses cheveux frisés en coup de vent, le monocle collé sur son œil droit, sa manière prétentieuse de parler et de rire, font encore ressortir sa laideur. Il s'écrie en bondissant dans le salon :

— Saluts et respect à ces dames !... Je mets tous mes hommages à leurs pieds ! Mon Dieu ! aurais-je été assez malheureux pour me faire attendre !... Vous m'en voyez désolé, désespéré, déconfit !... mais la faute ne m'est point imputable ! c'est le prince Bertitouskof qui me retenait sans cesse... et milord Grogson, de la rue de l'Échiquier, qui ne voulait pas que je m'en allasse... Enfin, je me suis esquivé et j'ai dit à mon automédon : « Brûlez le pavé ! brûlez vos chevaux ! brûlez ma voiture s'il le faut, mais allez comme la tempête... » Le drôle m'a obéi, et me voilà !

Après avoir lâché tout d'un trait ce flux de paroles,

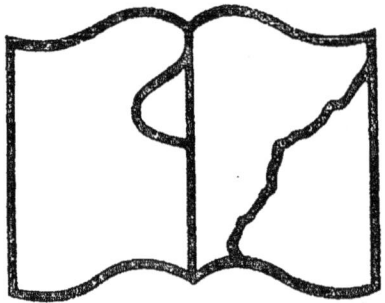

Texte détérioré — reliure défectueuse
NF Z 43-120-11

M. le chevalier tire son mouchoir pour s'essuyer le visage, ce qui répand aussitôt une forte odeur de musc dans le salon, et se mêle assez désagréablement à celle de l'encens déjà importée par ce monsieur.

La tante et la nièce ont paru ravies pendant la petite tartine que M. de Ballifolle vient de réciter, et madame Transtafare redouble de révérences, en répondant :

— Vous ne nous avez point fait attendre, monsieur le chevalier; et l'eussiez-vous fait, que nous en serions bien dédommagés par le plaisir que nous cause votre présence.

— Toujours aimable, belle dame !... toujours gracieuse ! Si les belles manières étaient perdues en France, c'est ici qu'on les retrouverait !

— Ah ! monsieur de Ballifolle...

— Mais voilà notre charmante future ; mademoiselle, permettez-moi de vous baiser le bout des doigts !

Mademoiselle Érato fait aussi une nouvelle révérence, laissant prendre sa main au galant chevalier. Pendant ce temps, la tante fait signe à Godineau de s'approcher, et elle le présente à ce monsieur :

— Permettez-moi, monsieur de Ballifolle, de vous présenter le prétendu de ma nièce... monsieur Godineau....

— Ah ! c'est monsieur... Recevez mes félicitations, monsieur Godiveau... Vous allez posséder une femme accomplie... elle réunit tout pour plaire.

Godineau salue ce monsieur en murmurant : — Ce n'est pas *Godiveau*, mon nom, c'est Godineau. — Mais l'autre ne l'écoute pas et continue :

— Mademoiselle se nomme Érato, c'est le nom d'une des neuf Muses, et elle est digne de porter ce nom.... C'est à vous de mériter maintenant que l'on vous appelle Apollon au lieu de Godiveau !

— Décidément, il veut me mettre dans une tourte ! se dit Godineau en se rapprochant de Dorcelle, qui s'amuse beaucoup des prétentions au bel esprit que montre le grotesque personnage qui vient d'arriver.

M. de Ballifolle vient de se poser au milieu du salon, il se tient sur la hanche droite en disant :

— C'est un bien beau jour qu'un jour d'hyménée....... j'ai fait sur ce sujet quelques vers, que je vous réciterai si vous me le permettez ?...

— nous vous le permettons ! s'écrie madame Trans... ...-à-dire que nous serons enchantés de les entendre... Ah ! veuillez nous les dire, monsieur le chevalier.

— Voilà un homme qui m'embête horriblement ! dit Godineau à Dorcelle ; mais celui-ci l'engage à dissimuler, et le chevalier, après avoir sorti de sa poche un foulard qui jette une odeur de rose, tousse, crache et déclame :

  Ah ! que c'est donc joli, de s'aimer, de s'unir !
  De mettre son bonheur dans un même avenir !
  Ah ! que c'est donc joli, la chaîne fortunée
  Que tissent les Amours et qu'on nomme hyménée !...
  Ah ! que c'est donc joli..

— Eh bien ! signe-t-on ? je suis tout prêt... Pourquoi ne signe-t-on pas ?

C'est M. Triboulet, qu'un nouveau coup de coude de

son neveu vient de réveiller au moment où les vers du chevalier l'endormaient, et qui a fait aussitôt entendre cette phrase. Le poëte s'arrête tout surpris. Madame Transtafure s'écrie :

— Un moment donc, monsieur Triboulet !... Vous n'entendez donc pas que monsieur de Ballifolle nous dit des vers de circonstance ?... Ah ! que c'est donc joli !... Veuillez poursuivre, monsieur le chevalier.

Celui-ci se dispose à reprendre sa déclamation, lorsque le notaire prend à son tour la parole :

— Pardon, madame, mais tout votre monde est arrivé, rien ne s'oppose plus à ce qu'on signe le contrat, et, comme mon temps est compté, monsieur sera bien bon de remettre à vous dire ses vers après cette formalité.

— Oui ! oui ! monsieur le notaire, répond le chevalier. Oh ! vous avez raison... la signature avant tout ! Je dirai mes vers après, cela revient au même.

— Eh bien ! procédons à la signature ! dit la tante d'un air grave. Monsieur le notaire, lisez ce que vous avez à nous lire, puis vous appellerez chacun dans l'ordre voulu pour signer.

— Enfin ! murmure Godineau. Grâce au notaire, nous l'échappons belle ! Je bouillais d'impatience !

Le notaire fait la lecture du contrat, que l'on écoute dans un respectueux silence, puis il dit :

— Maintenant il n'y a plus qu'à signer... Ordinairement, c'est le futur qui commence...

— Oh ! mais, ici, nous sommes trop Français pour ne

point donner le pas à la mariée ! s'écria le chevalier. « N'est-ce pas votre avis, monsieur Godiveau ? »

— Assurément, monsieur; répond celui-ci, qui s'était déjà avancé et se trouvait près du notaire. Alors M. de Ballifolle va saluer la future, lui offre sa main et la conduit cérémonieusement devant le notaire. L'homme de loi présente une plume à la superbe Érato, en lui disant :

— Veuillez signer, mademoiselle.

La grande demoiselle a pris la plume ; mais, en voulant ôter son gant pour signer, elle la laisse tomber à terre. Aussitôt Godineau, qui est à côté d'elle, se baisse pour la ramasser, et, en se baissant, laisse entendre un bruit sourd, mais infiniment prolongé, sur l'origine duquel on ne peut se méprendre, parce qu'alors le plus grand silence régnait dans le salon.

M. de Ballifolle, qui se trouvait positivement derrière Godineau, fait un bond en arrière, en s'écriant :

— Ah ! saperlotte !...

Mademoiselle Érato, au lieu de prendre la plume que son futur, devenu rouge comme un homard, lui présente sans oser lever les yeux, la lui jette au nez, en s'écriant :

— Ah ! quelle horreur !... Moi, vous épouser ! Jamais, monsieur, jamais !

Et mademoiselle Érato court se jeter dans les bras de sa tante, en s'écriant :

— Avez-vous entendu ?... Est-il permis de s'oublier ainsi!

— Moi, j'ai fait plus que l'entendre ! s'écrie le chevalier, en portant à son nez son mouchoir musqué.

— Comment ! c'en était donc un ? demande madame Transtafare toute consternée.

— Si c'en était un ?... Oh ! oui, ma tante... Et dans un tel moment... c'est me manquer de respect... c'est indigne !...

— C'est-à-dire que c'est manquer à toute la société ! s'écrie la tante avec colère.

— Monsieur Godineau, tout est rompu !... N'espérez plus épouser ma nièce... quand on a de telles infirmités, on ne se présente pas pour entrer dans une famille comme la nôtre !..

Godineau, qui est demeuré un moment tout honteux, reprend son assurance, et s'écrie à son tour :

— Qu'est-ce que cela signifie, madame, comment, vous rompez mon mariage ?... Et pourquoi... qu'ai-je donc fait qui mérite que vous me traitiez ainsi ?

— Ce que vous avez fait... Oh ! vous le savez bien, monsieur !...

— Cela a fait assez de bruit ! murmure le chevalier, en s'éventant avec son mouchoir.

— Mon Dieu, madame, quand il serait vrai que j'aurais eu le malheur .. bien involontaire... ce sont de ces choses qui peuvent arriver à tout le monde !

— Non, monsieur, cela n'arrive pas à tout le monde !... Cela ne m'est jamais arrivé à moi ! je pourrais le jurer !

— C'est que vous êtes une femme rare !... Mademoiselle Érato, de grâce .. intercédez pour moi !

— J'en serais bien fâchée, monsieur, car maintenant je serais désolée d'être votre femme !...

— Messieurs et mesdames, s'écrie la tante, en s'adressant à sa société, je suis bien confuse de vous avoir fait venir chez moi... pour y entendre une chose pareille...... Monsieur de Ballifolle, croyez que je suis bien mortifiée...

— Je le crois, belle dame, et il y a de quoi... l'incident est par sa nature d'une espèce rare... il faut tâcher qu'il ne sorte pas de votre cercle.

— Venez, ma nièce, rentrons dans votre appartement. J'espère que monsieur Godineau comprendra qu'il ne doit plus se présenter ici.

Madame Transtafare quitte le salon avec sa nièce qui fait signe à ses amies de les suivre, les autres personnes s'en vont aussi en faisant leurs commentaires sur l'évènement qui vient d'arriver ; M. Triboulet répétant toujours :

— Mais pourquoi n'a-t-on pas signé ?... Je n'ai rien entendu, moi !

— Alors c'est que vous dormiez, mon oncle, car il a fait assez de bruit.

Il ne reste plus dans le salon que Godineau et ses deux témoins. Le futur, qui ne l'est plus, arpente la pièce, en disant :

— C'est fait pour moi, cela ! Et il faut que cela m'arrive avant la signature du contrat ; ah ! si c'eût été après, comme je me serais moqué de toutes les giries de ces dames !...

Dorcelle, qui n'a pu garder son sérieux pendant les scènes qui viennent de se passer, lui dit :

— Cette fois, mon ami, vous ne pouvez cependant vous en prendre qu'à vous !...

— Qu'à moi !... non... c'est la faute de ce maudit pantalon qui me bridait le ventre ! Ah ! si je ne m'étais pas baissé pour ramasser la plume, cela ne serait pas arrivé !... mais je ne pouvais pas laisser ma future ramasser la plume !...

M. Chipemann, qui jusque-là n'a rien dit, s'avance vers Godineau :

— Est-ce que le mariache il est tout à fait rompu ?

— Eh ! mon Dieu, oui !... vous le voyez bien... et pour un sujet bien léger !...

— On ne veut plis fous tonner le dot ?

— Parbleu ! si on me donnait la dot sans femme, je serais trop heureux ! car je n'y tenais pas beaucoup à mademoiselle Érato ! Aujourd'hui elle avait l'air encore plus impertinent qu'à l'ordinaire, ça promettait pour la suite.

— Alors, monsieur, fous savez nos conditions ?... je rentre dans mon brobriété.

Et le tailleur, saisissant Godineau par le collet, cherche à lui ôter son habit. Celui-ci se débat en disant :

— Eh bien ! qu'est-ce que vous faites donc ?

— Che rebrends mes vêtements tout neufs, c'est convenu.

— Vous me les reprendrez chez moi, soit !... mais pas ici.

— Bardonnez-moi, che rebrends tout de zuite, chai le droit...

— Comment, vous allez me déshabiller chez ma future ratée... Eh bien ! il ne manquerait plus que ça !.. Madame Transtafaro dirait que je me suis installé tout nu chez elle pour forcer sa nièce à m'épouser !...

— Cho zuis fâché, cho veux mes vêtements neufs !

Dorcelle met fin à cette scène en fouillant dans son portefeuille duquel il sort un billet de banque de cinq cents francs, qu'il donne à Godineau en lui disant :

— Tenez, mon cher, permettez-moi de vous prêter cette somme et débarrassez-vous de votre tailleur... Ensuite, je vous emmènerai dîner avec moi et sabler du Champagne, pour vous faire oublier tous les ennuis de cette journée.

Godineau prend le billet, il est attendri, il le presse sur son cœur et regarde maître Chipemann en lui disant :

— Eh bien ! caraïbe, quand on possède des amis comme celui-là, croyez-vous qu'on ait besoin de se marier pour payer son tailleur ?... Allons, tenez, prenez.. et que je ne vous voie plus... Ah! si, vous me ferez un paletot.

— Avec grand plaisir, monsieur, dit M. Chipemann; qui s'incline jusqu'à terre en prenant le billet de banque et sort à reculons pour pouvoir continuer de saluer.

Alors Godineau se jette dans les bras de Dorcelle en s'écriant :

— Allons dîner maintenant! Ah! mon ami, vous ne sauriez croire combien je me félicite à présent de n'avoir pas épousé cette chipie d'Érato, et sa momie de tante !... qui prétend que cela ne lui est jamais arrivé.

XV

LES RENDEZ-VOUS

Un mois s'est écoulé depuis que Godineau a manqué son mariage avec mademoiselle Érato Transtafare; il est retourné voir madame Cabochon, en la priant de lui chercher à l'avenir une femme moins susceptible et dont les résolutions ne tournent pas au moindre vent.

Mais Dorcelle, qui n'a reçu aucune nouvelle de celle pour qui il a exposé ses jours, et qui voit les semaines s'écouler sans entendre parler d'Augustina, commence à perdre l'espérance et se dit qu'il a été le jouet d'une coquette, qui s'est amusée de son amour et qui n'en a jamais été touchée.

Cette pensée l'attriste quelquefois. Pour se distraire, il va souvent chez son ami Abelino, et ne laisse pas échapper l'occasion de causer avec la marquise; mais celle-ci semble aussi en proie à une secrète mélancolie, qu'elle cherche à combattre, mais qu'elle n'est pas habile à surmonter. Le marquis prétend que sa femme a mal aux nerfs, et ne s'inquiète pas de ce changement d'humeur que la belle Fidélia cherche en vain à dissimuler. En revanche, toutes les fois qu'il voit Dorcello, il ne manque pas de lui demander s'il y a du nouveau dans ses amours, et s'étonne beaucoup de ce que celui-ci n'entende plus parler de sa belle danseuse.

Un jour, après avoir encore reçu de Dorcello la même réponse, le marquis s'écrie :

— Mais depuis le billet que vous a écrit cette belle mystérieuse, êtes-vous retourné au bal Mabille?

— Ma foi! non, qu'y ferais-je? Elle m'a assuré qu'elle ne voulait plus y retourner.

— Elle vous a dit cela? C'est fort bien! Mais vous savez comme moi que les femmes n'ont pas pour habitude de faire tout ce qu'elles projettent. Qui vous dit que, pendant que vous soupirez et attendez en vain de ses nouvelles, votre belle n'est pas retournée se livrer à son plaisir favori?... Et c'est peut-être là qu'elle vous attend et compte vous revoir !

— Au fait, cette femme semble si bizarre dans toutes ses actions....

— Il y a, je crois, ce soir bal chez Mabille : si vous voulez, nous irons tous les deux?

— Quoi ! vous viendriez avec moi, marquis ?

— Pourquoi pas ? Vous comprenez que je n'en dirai rien à ma femme ; mais je ne serais pas fâché de revoir ce jardin, où je ne suis pas retourné depuis plusieurs années.

— Eh bien ! j'accepte ; trouvons-nous ce soir à neuf heures au café Napolitain, et, de là, nous nous ferons conduire aux Champs Élysées.

— C'est chose convenue ; à ce soir donc.

Les deux amis ne manquent pas de se trouver au rendez-vous, et, un peu avant dix heures, ils pénètrent dans le jardin où il y a le soir fête extraordinaire. Aussi l'illumination est elle fort brillante et, comme la soirée est superbe, la foule se presse dans les allées et autour de la danse. La ritournelle d'un quadrille fait battre le cœur à Dorcelle qui s'écrie :

— Allons bien vite voir la danse, car, si elle est ici, c'est là que nous la trouverons.

— Allons, répond le marquis ; d'ailleurs j'aperçois une quantité de jolis minois qu'il doit être fort amusant de voir danser.

— Ah ! si elle danse, nous la trouverons vite, car ce sera vers son quadrille que la foule se portera.

Mais cette fois la foule est divisée, il n'y a point de quadrille particulier qui fasse fureur. Dorcelle cherche en vain de tous côtés, la belle Augustina n'est pas au bal ; en revanche, il ne tarde pas à apercevoir Polydore et Détraque qui s'empressent de venir à lui et qu'il cherche vainement à éviter. Polydore, qui a déjà reconnu le marquis au bras

11.

de Dorcelle, pousse tout le monde pour rejoindre ces messieurs.

— Eh! bonsoir! Dorcelle... C'est monsieur Abelino que j'ai le plaisir de saluer... Ah! quelle charmante surprise... Comment, monsieur le marquis, vous n'avez pas craint de venir dans ce séjour de perdition?

— Non, monsieur, car je n'ai pas peur de me perdre, moi! répond assez sèchement le marquis Tandis que Dorcelle pince assez fortement le bras du beau gandin en lui disant :

— Te voilà donc, infâme bavard! portière! qui va raconter à tout le monde ma rencontre à Saint-Mandé... et le motif de ce duel!...

— Mon Dieu!... je ne pensais pas que tu voulais faire un mystère de cette aventure... puisque tu nous avais pris pour témoins, Détraque et moi...

— Oui, oui, nous étions vos premiers témoins! s'écrie le petit Détraque en se haussant sur ses pointes et saluant profondément le marquis qui ne le regarde pas.

— Tu es cause que madame de Bréville s'est moquée de moi .. mais, après tout, je fais peu de cas de l'opinion de cette dame. Dites-moi, messieurs, vous, habitués fidèles de cet endroit, y avez-vous aperçu la belle Augustina depuis quelque temps?

Les deux inséparables se regardent d'un air moqueur, puis le beau Polydore s'écrie :

— Comment, c'est à nous que tu demandes des nouvelles de ta belle blonde?... Ah! elle est bonne, celle-là!

— Je la trouve à l'oseille, dit M. Détraque en riant aux

éclats. Puis il reprend : — A l'oseille, cela se dit maintenant dans la jeunesse dorée; quand on veut parler d'une bonne charge on dit : elle est à l'oseille!

— Et que trouvez-vous de si plaisant dans ma demande, messieurs, pour qu'elle excite à ce point votre gaieté?

— C'est-à-dire, mon cher, que personne mieux que toi ne doit pouvoir donner des nouvelles de la belle Augustina; tout le monde est bien persuadé que, depuis ton duel, tu l'as confisquée à ton profit, et probablement tu lui as défendu de revenir ici, car on ne l'y aperçoit plus.

— Vous voyez, dit Dorcelle en se tournant vers le marquis, voilà le jugement des hommes! Après tout, j'ai du moins l'honneur de la conquête, si je n'en ai pas la jouissance.

— Dis donc, Dorcelle, reprend Polydore, je me suis trouvé dernièrement avec un tout jeune homme, le neveu d'un certain M. Triboulet, qui devait servir de témoin à la demoiselle que Godineau devait épouser. Il m'a conté... ah ! c'est bien bouffon ! c'est à ne pas le croire...

— Oh ! oui, s'écrie Détraque, c'est une anecdote dont on pourrait faire un vaudeville !

— Enfin, ce jeune homme m'a assuré que le mariage avait manqué, parce que... Godineau... enfin, tu dois le savoir puisque tu étais son témoin... est-ce vrai?...

— Non, ce n'est pas vrai !..

— Tu sais donc ce que je veux dire?...

— On m'a déjà rapporté ce faux bruit, ce n'est pas vrai.

— Alors, qu'est-ce qui a donc fait manquer le mariage de Godineau?

— C'est précisément le contraire de ce que l'on t'a dit.

Et Dorcelle s'éloigne avec le marquis, laissant le beau Polydore, fort en peine de comprendre, regarder son ami Détraque en lui disant :

— Détraque, qu'est-ce que cela peut donc être que le contraire de ce qu'on accuse Godineau d'avoir fait?

Après avoir encore regardé quelques danses, lorsqu'il est bien certain que la belle blonde n'est point à Mabille, Dorcelle quitte le jardin avec le marquis en lui disant :

— Vous le voyez, elle ne m'a pas menti, elle ne va plus dans ce bal; pourquoi faut-il qu'elle n'ait point dit aussi vrai en me promettant que je la reverrais !...

— Ne vous chagrinez pas, mon ami; puisqu'elle tient ce qu'elle promet, il y a tout à parier qu'elle vous donnera au premier jour de ses nouvelles; et, au retour de mon premier voyage, je gage bien que je vous trouverai complétement heureux.

— Est-ce que vous allez encore vous absenter, marquis?

— Eh! mon Dieu! oui, j'ai reçu aujourd'hui à l'ambassade un avis pour me tenir prêt... il est probable que dans deux jours je partirai; mais, cette fois, je ne pense pas être plus de quinze jours absen

— Allons, espérons qu'à votre retour j'aurai du nouveau à vous raconter.

Deux jours après cette soirée le marquis Abelino a quitté Paris, comme il l'avait annoncé à Dorcelle, et celui-ci se dit :

— Cette fois, malgré tout le plaisir que j'aurais à causer avec la belle marquise, je ne me présenterai pas à son hôtel, parce que je ne veux point m'y casser le nez.

Mais le surlendemain du départ du marquis, Dorcelle reçoit une lettre, dont il reconnaît aussitôt l'écriture ; son cœur bondit de joie, il brise le cachet et lit :

« Je puis enfin vous donner de mes nouvelles, je puis tenir la promesse que je vous ai faite de vous revoir encore ; promesse bien imprudente !... mais que cependant je me sens heureuse de tenir. Demain, à midi, trouvez-vous au coin de l'avenue Marigny, dans les Champs-Élysées ; ayez une voiture, je descendrai de celle qui m'amènera et je monterai dans la vôtre. Je crois inutile de vous recommander la plus grande discrétion. Au revoir, à demain.

« AUGUSTINA. »

— Enfin ! s'écrie Dorcelle en baisant et rebaisant encore le précieux billet qu'il ne se lasse point de relire ; elle ne m'avait pas oublié... Elle tient sa promesse !... Elle viendra... et cette fois elle sera seule, je l'espère... Oh ! oui, elle sera seule, sa recommandation d'être discret me le fait pressentir... Je vais donc la revoir, je vais donc être heureux !... Ah ! que le temps va me sembler long d'ici là !...

Et pour essayer d'abréger le temps qui doit s'écouler avant le moment de son rendez-vous, Dorcelle sort, se promène quelques instants au hasard, puis se dit tout à coup :

— Allons chez Godineau, il trouve toujours moyen de vous amuser, quand ce ne serait que par le récit de ses mariages manqués... Il me tiendra compagnie pour le reste de la journée.

XVI

NOUVELLE MÉSAVENTURE DE GODINEAU

Godineau sortait de chez lui au moment où Dorcelle allait y entrer; il court lui presser la main :

— Vous veniez chez moi, ami rare et fidèle, ce ne peut pas être pour le plaisir de ve'r mon taudis ; alors je dois présumer que vous avez quelque chose à me dire... Cependant, si vous voulez que nous montions mes cinq étages?...

— Non, vraiment! je suis très-content de les esquiver. C'est vous seul que je veux, Godineau ; tenez, mon cher ami, je serai franc : j'ai un rendez-vous charmant pour demain, mais d'ici là je ne sais que faire de moi, et il est à peine deux heures... J'ai pensé que vous m'aideriez à trouver le temps moins long, le voulez-vous?

— Si je le veux ! mais ne suis-je pas toujours à vos ordres... vous qui m'avez tiré des griffes de cet indigne Chipemann !...

— Ne parlons donc pas de ça...

— Ah ! vous avez un charmant rendez-vous pour demain... Dites donc, est-ce avec elle ?

— Godineau, ne me questionnez pas sur ce sujet... je ne dois pas être indiscret !...

— Très-bien !... suffit, n'en parlons plus !... Alors nous passons la journée ensemble... Vous m'offrez donc à dîner ?

— Cela va sans dire ! dîner, souper, tout ce que vous voudrez, pourvu que vous m'aidiez à tuer le temps !...

— Bravo !... cela me va, seulement, il faudra que vous ayez la complaisance de venir avec moi en visite quelque part.

— Est-ce que vous allez encore me mener chez madame Transtafare ?

— Oh ! il n'y a pas de danger ! mademoiselle Érato a dit qu'elle ne pouvait pas me sentir !... Eh bien ! je lui en offre autant !... Bégueule, va !... mais voici ce que c'est : cette bonne madame Cabochon ayant appris... mon accident chez les Transtafare, a juré de me trouver un autre parti, en me promettant de ne plus m'adresser à des gens aussi susceptibles ; et, hier, voilà le petit mot que j'ai reçu d'elle... Je l'ai là, car il doit me servir d'introduction..

Écoutez-ceci, ce n'est pas du Sévigné, mais c'est du Cabochon :

« Mon cher monsieur Godineau, je crois que cette fois j'ai enfin trouvé ce qu'il vous faut : mademoiselle Lucinette Turq a dix-huit ans, une bonne figure, très-vive, bien fraîche; elle est grasse et très-gaie, elle rit pour un rien... »

— A la bonne heure, ça me changera, cela ne ressemble plus à la muse Érato !... Je poursuis : « Elle a vingt mille francs de dot... dont une partie en cassonade... parce que le père est un ancien épicier qui a conservé de son fonds beaucoup de marchandises qu'il tient à écouler avec sa fille... »

— Ceci par exemple ne me séduit pas beaucoup... s'il faut toucher dix mille francs en cassonade, je me demande où je les fourrerai !.. Je repoursuis : « Le père Turq et sa femme sont de très-bonnes gens, tout ronds, qui adorent leur fille et font tout ce qu'elle veut. Si vous plaisez à Lucinette, cela ira tout seul. Allez les voir demain vers trois heures, je vous ai annoncé comme courtier en marchandises, vous serez bien reçu. J'ai dit que vous aviez envie de vous marier, de leur côté ils désirent marier leur fille, la chose doit donc s'arranger. Abordez franchement la question.

« Tout à vous.

« Veuve CABOCHON. »

— Que dites-vous de cela, Dorcelle?

— Je dis... qu'il faut voir, et si la jeune fille vous plaît,...

— Elle me plaira toujours assez, j'aime les figures réjouies... mais c'est cette dot, moitié en cassonade!... Encore si c'était du chocolat... je l'aime beaucoup, je m'en régalerais... j'en offrirais à mes amis...

— Et c'est là que vous voulez aller aujourd'hui?

— Oui, on m'a annoncé, et puis je suis curieux de faire connaissance avec la famille Turq!.. Vous viendrez avec moi... et vous me direz votre avis sur la demoiselle.

— Soit! et où demeure votre ancien épicier?

— Faubourg Saint-Martin; oh! j'ai là son adresse...

— Mais vous ne ferez pas votre visite trop longue?

— Soyez tranquille! histoire de voir ce que c'est!... Pendant que je causerai avec les parents, vous ferez jaser la fille, et vous me direz si elle a un peu d'esprit, si elle n'est pas trop encassonadée.

— C'est entendu.

— Eh bien! allons-y tout de suite, voulez-vous?

— Mais il n'est pas trois heures.

— Mais c'est dans le haut du Faubourg Saint-Martin, allons-y à pied... cela nous donnera de l'appétit.

— Je le veux bien, et cela me fera connaître un quartier qui m'est presque inconnu.

— Comment, vous Parisien, vous ne connaissez pas le faubourg Saint-Martin?

— Eh! mon ami, ne savez-vous pas que ce sont les Parisiens qui connaissent le moins Paris!

Les deux jeunes gens se dirigent bras dessus bras dessous vers la demeure de l'épicier retiré. En entrant dans le faubourg Saint-Martin, Dorcelle s'écrie :

— Je ne suis jamais allé plus loin que le magasin des *Trois-Frères*, vous voyez que ce n'est pas bien avant. C'est une rue très marchande et très-populeuse, autant que je puis en juger par l'entrée.

— Attendez, vous allez voir comme elle change souvent d'aspect... Avançons.

En effet, lorsque ces messieurs ont marché dix minutes, le faubourg devient moins crotté et prend un aspect presque champêtre.

— A présent, dit Dorcelle, on ne se croirait plus dans Paris, ceci ressemble à ces grandes rues de province où les habitants se mettent sur les portes pour vous voir passer... Par exemple, les promeneurs ne brillent pas par leur élégance!... Sapristi! il est long, ce faubourg!

— Vous n'êtes pas au bout. Maintenant nous voilà presque dans la campagne... et nous allons passer sous un pont de chemin de fer...

— Et vous appelez toujours cela Paris?

— Sans doute, puisque nous n'avons pas passé la barrière! Tenez, ceci nous donne une image de la banlieue d'autrefois...

— Je n'en puis plus, c'est un voyage que de parcourir tout le faubourg Saint-Martin; et votre ex-épicier?

— Rassurez-vous... nous y voilà... cette grande maison... après ce long mur... car il y a encore quelques jardins par ici, et à Paris ils deviennent rares; mais il faut bien de la place à M. Turq pour mettre ses marchandises, car je ne suppose pas qu'il couche sur sa cassonade... Oui... oui... c'est là, entrons.

Une porte cochère toute ouverte laisse voir une grande cour. Godineau cherche un portier et n'aperçoit qu'un gros chien attaché à sa niche, mais qui aboie beaucoup en voyant entrer du monde.

— M. Turq, s'il vous plaît? dit Godineau en s'adressant au chien qui sert de portier, et le boule-dogue aboie plus fort ; mais une grosse maman, qui tient un balai de bouleau à sa main, sort d'un renfoncement et accourt d'un air joyeux saluer les jeunes gens, en disant :

— C'est ici, messieurs, c'est ici... Taisez-vous, Sultan... il me semble que ces messieurs n'ont pas l'air de voleurs ! Est-ce que ces messieurs ne viennent pas de la part de madame Cabochon ?... Silence, Sultan !

— Pardonnez-moi, madame, c'est madame Cabochon qui m'a donné votre adresse... Je suis Ernest Godineau...

— Oh ! nous vous attendions... donnez-vous la peine d'entrer... A c'te niche... à c'te niche donc, Sultan... Mon mari vous attend... Turq!... Turq!... on vient de la part de madame Cabochon... Tenez, messieurs, entrez là... au rez-de-chaussée... C'est que probablement il est enfoncé dans ses pruneaux... Je vous rejoins dans l'instant . Je vais appeler ma fille...

— De grâce, madame, ne vous dérangez pas pour nous de vos occupations...

— Oh! j'ai le temps, je balayais la cour pour m'amuser... Lucinette ! Lucinette !... Silence donc. Sultan.

Les jeunes gens laissent madame Turq appeler sa fille et faire taire son chien, ils entrent dans un rez-de-chaussée qui n'est en effet meublé que de tonneaux pleins de marchandises. Après avoir traversé deux pièces, ils trouvent un petit homme coiffé en casquette, vêtu d'une robe de chambre qui ne lui va qu'à mi-jambes, mais porteur d'une bonne figure aussi réjouie que celle de sa femme.

— Pardieu! dit Godineau, voilà une famille qui ne doit point engendrer la mélancolie... Ça me va!

M. Turq se confond en salutations, s'écriant :

— Pardon, messieurs, je vous ai fait chercher... c'est que je visitais mes pruneaux, pour voir s'il n'y a pas de déchet... mais il n'y en a pas... Tout va bien!... Asseyez-vous donc, messieurs...

— Madame Cabochon a dû vous parler de moi, dit Godineau, c'est elle qui m'a dit que vous aviez encore beaucoup de marchandises à écouler... Je suis Ernest Godineau...

— Oh! oui, certainement... Vous êtes courtier en marchandises...

— En tout ce qu'on veut, généralement !

— Oh! madame Cabochon nous a fait un grand éloge de vous...

— C'est trop aimable de sa part!...

En ce moment madame Turq vient se joindre à la société; elle tient toujours son balai à la main et s'en sert comme d'un éventail, tout en disant :

— Ma fille va descendre... je vous ai annoncé, messieurs ; mais Lucinette veut absolument mettre une fleur dans ses cheveux... Ah! dame, vous savez, ces jeunes filles, c'est coquet... ça veut se parer.

— Je suis bien sûr que mademoiselle votre fille n'a pas besoin de cela pour plaire, dit Godineau.

— Ah! c'est un beau brin de fille, et Turq n'en revient pas d'être le père d'une gaillarde si bien tournée... N'est-ce pas, papa, que ça t'étonne?

M. Turq se met à rire aux éclats, sa femme l'imite, et, comme cela dure longtemps, les deux jeunes gens jugent convenable d'en faire autant, afin de se mettre au diapason de la famille Turq.

Lorsque ce quatuor est apaisé, M. Turq va s'asseoir près de Godineau, en lui disant :

— Et comment vont les sucres aujourd'hui, savez-vous le cours?

— Toujours! il y a de la hausse, sur les bruts surtout... Dix centimes, c'est peu de chose, mais cela doit progresser.

Madame Turq va s'asseoir de l'autre côté de Godineau, toujours son balai à la main, et lui dit à demi-voix :

— Et vous avez des intentions matrimoniales, à ce que nous a dit Madame Cabochon?

— Mais oui, madame, j'avoue qu'il me serait doux d'entrer dans une famille honorable... de commerçants retirés... et de faire le bonheur d'une jeune fille... qui ferait aussi le mien.

— Eh bien! mais, pourquoi donc que ça ne s'arrangerait pas, ça... Eh! eh! eh!... vous m'allez déjà tout plein. Eh! eh!... et à toi, papa, monsieur te va-t-il?...

— Monsieur en est bien capable! répond l'ex-épicier en saluant.

Mademoiselle Lucinette fait alors son entrée dans le magasin. C'est une grande et belle fille, qui a ce qu'on appelle la beauté du diable, de la jeunesse, de la fraîcheur, mais qui joint à cela un petit air mutin et guilleret qui n'est pas sans charme.

Elle salue les étrangers assez gauchement, puis va prendre le balai que tenait encore sa mère en s'écriant :

— Qu'est-ce que tu fais de ça?... En voilà une idée de garder un balai en société!

— Ah! tiens, c'est vrai... je n'y pensais plus... Mais bah! ces messieurs ne sont pas sur la cérémonie!... Lucinette, va causer là-bas avec monsieur; nous autres, nous nous occupons de choses sérieuses... C'est pas ton affaire; va, ma poule!

C'était Dorcelle que madame Turq venait de désigner à sa fille, celle-ci s'approche de lui en souriant, et balbutie :

— Mais cela n'amusera peut-être pas monsieur, de causer avec moi?

— Pardonnez-moi, mademoiselle, et je m'estimerai heureux si ma conversation ne vous ennuie pas...

— Eh bien! pourquoi donc qu'elle m'ennuierait?... Vous croyez donc que je ne saurai pas comprendre ce que vous me direz?

— Mais loin de là ; je suis persuadé, moi, que les femmes savent tout comprendre, même ce qu'on ne leur dit pas!...

— Ah! vraiment!... Tiens, c'est drôle, ça!...

Et mademoiselle Lucinette se met à rire d'aussi bon cœur que sa mère. Dorcelle était heureux du bonheur qu'il espérait, il ne cherchait nullement à plaire, à faire une conquête; c'est presque toujours dans ces conditions là que l'on plaît, et qu'on a le plus d'esprit. Il dit à la jeune fille tout ce qui lui vient à la tête, lui parle spectacle, musique, danse, entremêle tout cela d'historiettes toujours comiques, et mademoiselle Lucinette l'écoute avec un plaisir qui se lit dans ses yeux, ne l'interrompant que pour s'écrier :

— Ah! êtes-vous amusant!... Mais c'est que je passerais volontiers la journée à vous écouter!...

Puis elle sourit, regarde Dorcelle, baisse les yeux, mais les relève bien vite parce qu'elle semble étonnée de ce qu'il ne la regarde pas plus souvent, et, s'il cesse de parler, elle lui tape sur le bras en lui disant :

— Eh bien! vous ne me dites plus rien... Est-ce que vous n'avez pas entendu que ma mère nous a dit de causer ensemble?

— Pardonnez-moi, mademoiselle, mais n'est ce pas ce que nous faisons?

— Oh! oui, mais... il y a encore bien des choses que vous pouvez me dire, et que vous ne m'avez pas dites... et ça me ferait plaisir de les entendre...

— Vraiment! De quelles choses désirez-vous donc que je vous entretienne?

— Ah! bien, par exemple... vous voulez que je vous le dise! vous voulez que ce soit moi qui commence!... Ah!

ah! ah!... c'est pour vous moquer de moi que vous me dites cela.

Mademoiselle Lucinette se met de nouveau à rire, et sa maman s'écrie :

— Allons, je vois que ça va bien là-bas, mais ça ne va pas mal non plus par ici ; nous arrangerons les affaires... Nous ne barguignons pas, nous autres, nous allons tout de suite au but.

— Monsieur est très-coulant, dit l'ex-épicier, en frappant dans la main de Godineau. On doit toujours s'arranger avec lui !...

— N'est-ce pas, papa, que c'est une affaire à peu près terminée?... Lucinette, nous allons te marier : il ne manque plus que ton consentement, ma biche.

— Oh! moi, je veux bien.. Je consens !...

— Eh bien ! j'espère qu'elle y va de bon cœur... Oh ! d'abord elle ne sait pas dissimuler... elle dit tout de suite ce qu'elle pense ! C'est ça, ou ça n'y est pas !... franche comme de l'or.

Godineau, enchanté de ce qu'il entend, se lève et s'approche de la jeune fille, devant laquelle il s'incline en murmurant :

— Mademoiselle, permettez-moi de vous remercier de la réponse que vous venez de faire et de me féliciter du bonheur qui m'attend...

Mademoiselle Lucinette regarde Godineau d'un air étonné et répond :

— Qu'est-ce que vous dites, monsieur, qu'est-ce qui vous attend ?... je ne comprends pas ?

— Mais, belle Lucinette, c'est tout simple, je me félicite de ce que vous m'agréez pour mari...

— Vous!... Ah! bien, le plus souvent!...

Et la jeune fille fait un bond en arrière, le papa et la maman se regardent d'un air surpris, et madame Turcq s'écrie :

— Mais, ma fille, tu viens, toi-même, de nous répondre tout à l'heure que tu consentais à épouser monsieur...

— Lui!... par exemple!... ce n'est pas lui que j'épouse, c'est celui-ci...

Et Lucinette se rapproche de Dorcelle, tandis que Godineau ouvre de grands yeux et fait une piteuse figure.

— Mais, ma fille, tu te trompes, c'est M. Ernest Godineau que tu dois épouser.

— Eh bien! c'est monsieur...

— Non, mademoiselle; moi je me nomme Adrien Dorcelle, je ne suis que l'ami de Godineau...

— Ah! bien, en voilà une bêtise!... Comment, ce n'es pas vous qui venez pour m'épouser... et on ne me le dit pas!... et on m'envoie causer avec vous... Moi, j'ai pensé que vous étiez mon futur.

Godineau essaye de rarranger ses affaires et se rapproche de la demoiselle en balbutiant :

— Mademoiselle, croyez que je mettrai tous mes soins à vous plaire et que...

Lucinette repousse brusquement Godineau en s'écriant :

— Laissez-moi tranquille, monsieur, je ne veux pas de vous, vous ne me plaisez pas du tout, c'est votre ami qui me plaît! Pourquoi ne veut-il pas m'épouser, lui?

Dorcelle s'incline en murmurant :

— Mademoiselle, je ne songe pas encore à me marier.

— Eh bien, j'attendrai que vous y songiez.

— Mademoiselle... je suis... je suis promis...

— Ah ! vous êtes promis !... Eh bien ! allez vous promener... Est-ce bête de m'avoir attrapée comme ça !... Papa et vous, maman, je ne vous pardonnerai jamais ça !...

— Mais, ma poule...

— Mais, Lucinette, je t'assure que M. Godineau est très-coulant en affaires, et que...

— Je vous dis que je ne veux pas épouser monsieur, qu'il ne me plaît pas... et que c'est inutile de m'offrir monsieur, puisque je ne veux pas de lui !

Et, frappant des pieds avec colère, mademoiselle Lucinette s'éloigne en répétant :

— Ah ! que c'est bête de m'avoir attrapée ainsi.

Godineau demeure interdit. Le papa et la maman Turq sont tout confus... Enfin la maman dit en soupirant :

— Maintenant, mon pauvre monsieur Godineau, il n'y a plus à revenir, car, lorsque Lucinette a pris une résolution, c'est comme si tous les notaires y avaient passé.

— Aussi, madame, n'ai-je nullement envie de faire de nouvelles tentatives auprès d'elle... et j'ai bien l'honneur de vous saluer... Partons, Dorcelle !

Lorsque les deux amis sont dehors, Dorcelle prend le bras de Godineau en lui disant :

— Je puis vous jurer, mon cher, que je n'ai rien fait, rien dit à cette jeune fille pour chercher à faire sa conquête !

— Eh! mon ami, est-ce que je n'en suis pas persuadé!... Ceci tient à la fatalité qui me poursuit dans mes entreprises matrimoniales.

— C'est égal, mon cher Godineau, je ne vous porte pas bonheur ; ne venez plus me chercher en pareille circonstance.

— Bah !... quelle idée ! ce n'est pas vous qui êtes cause de... mon incident chez les Transtafare... Allons dîner. Je vous certifie que ce qui vient d'arriver ne me fera pas perdre l'appétit!... Et puis, cette famille Turq m'aurait abruti !...

— Et cette dot moitié en cassonnade ?

— Oh ! avec son air bonasse, ce vieux Turq est un renard ! j'ai bien vu qu'il comptait me donner l'autre moitié en mélasse !...

— En ce cas, mon ami, je ne me reproche plus tant d'avoir fait la conquête de mademoiselle Lucinette.

— Non ! Pangloss a encore raison : Tout est pour le mieux.

XVII

OÙ L'ON VEUT TOUJOURS EN VENIR

Ce jour si désiré, si ardemment souhaité, luit enfin. Dorcelle a peu dormi, l'attente d'un grand bonheur nous tient aussi éveillé que celle d'une vive peine ; je crois même que nous dormons plutôt sur le chagrin que sur le plaisir : c'est toujours une compensation.

À dix heures, Dorcelle terminait sa toilette, et il s'est bien gardé de faire comme ces imbéciles, qui, pour se rendre à un premier rendez-vous, veulent absolument se faire superbes, se mettent à neuf, des pieds à la tête, se gênent dans leurs vêtements, dans leurs chaussures, dans leur cravate, et arrivent bien empesés, bien serrés, bien colorés, là où il ne faut qu'être aimé pour qu'on vous trouve

trouve bien. Est-ce que l'amour s'arrête à tous ces détails de la toilette? Demandez à un homme sortant d'un galant rendez-vous comment était mise la dame qu'il vient de quitter... s'il peut vous le dire, c'est qu'il n'en était pas bien amoureux.

Un peu avant onze heures, Dorcelle se rend chez un loueur de voitures, où il sait qu'il trouvera des cochers habiles et discrets, enfin de ces cochers qui servent dans les parties fines. Il relit encore la lettre d'Augustina et se dit :

— Elle arrivera à midi en voiture, elle en descendra pour monter dans la mienne... et elle ne dit rien de plus; ce qui signifie qu'alors elle me laissera maître de la conduire où je voudrai, cela ne peut pas s'entendre autrement. Je connais à Neuilly un fort bon restaurant, espèce d'hôtel, où l'on vous sert dans des chambres charmantes; de plus, ce traiteur se trouve dans un chemin presque solitaire, tout cela semble préparé d'avance pour les amants qui cherchent le mystère. C'est là que je conduirai ma dame... Voudra-t-elle y entrer?... Oui, quelque chose me dit qu'elle m'aime... Et, si elle ne m'aimait pas, m'accorderait-elle ce rendez-vous?

Dorcelle a choisi un joli coupé, bien doux, bien capitonné, il a un cocher intelligent, il lui donne d'avance ses instructions, puis se fait conduire à l'endroit qu'on lui a indiqué. Il arrivera avant l'heure, mais un homme doit toujours arriver le premier.

Il n'est que onze heures et demie lorsque Dorcelle s'arrête avec son coupé au coin de l'avenue Marigny; à soupire en regardant sa montre : toute une demi-heure à attendre et peut-être plus, car les dames ne sont pas toujours exactes. Le temps est un peu sombre et menace d'un orage il y a peu de promeneurs, et Dorcelle, qui cherche des distractions en regardant par une portière, va se renfoncer dans sa voiture, lorsque deux couples, arrivant du côté de la place de la Concorde, se dirigent de son côté en doublant le pas Il n'a regardé; qu'un moment, et dans les deux cavaliers il a déjà reconnu Polydore et Détraque. Ces messieurs ont chacun sous le bras des dames dont la toilette et la tournure sont extrêmement excentriques. Dorcelle s'empresse de baisser les stores de son coupé, puis, entr'ouvrant à peine un rideau, il peut voir où le beau gandin et son inséparable veulent conduire leurs donzelles. Déjà les couples sont assez rapprochés pour qu'on entende leur conversation.

— Voyons, petit Détraque dit une des dames, où est-il donc, ton traiteur?... Est-ce que tu comptes nous faire trotter longtemps comme ça?... Pourquoi n'entrons-nous pas chez Ledoyen? on y est très-bien...

— Mesdames, soyez donc tranquilles, nous vous menons dans un endroit délicieux et mystérieux... demandez plutôt à mon ami de Nanterre.

— Parbleu ! dit Polydore, ces dames doivent bien connaître l'endroit, à Madrid, dans le bois de Boulogne...

— Connais pas, et toi, Élisa, connais-tu ce Madrid-là?...

— S'il m'en souvient, il m'en souvient guère ! Du reste, je ne tiens pas au mystérieux, moi; je tiens aux huîtres et aux écrevisses...

— Vous en aurez, belles dames; avec nous, les huîtres ne manquent jamais!

— As-tu fini, biribi!...

— Mais est-ce encore loin, votre Madrid?

— Pas mal.

— Alors vous ne comptez pas sans doute nous y faire aller à pied?

— Nous aurions déjà pris une voiture si nous en avions trouvé sur la place...

— Et c'est qu'il faut nous dépêcher, il va faire de l'orage... Tenez, voilà une goutte d'eau qui vient de tomber sur le bout de mon nez...

— Ah! mais pas de bêtises, messieurs, c'est que j'ai un chapeau tout neuf qui m'a coûté quarante-cinq francs... S'il est perdu, il m'en faut un autre.

— Ah! quel bonheur! j'aperçois une voiture; dépêchons-nous, Élisa, que d'autres ne nous la volent pas sous le nez.

— Mais, mesdames, ce n'est qu'un coupé!...

— Coupé ou pas coupé, je m'en fiche pas mal! Arrivez donc, vieux Détraque.

— Mesdames, nous ne tiendrons jamais quatre là-dedans...

— Laisse-nous donc tranquille, il y a toujours moyen de s'arranger, on se met les uns sur les autres...

— Ah! au fait, comme ça, cela peut aller... c'est même un moyen qui doit rendre la route fort agréable!

— Moi, mesdames, reprend Polydore, je vous répète

que le cocher ne voudra pas nous prendre tous les quatre!

Cependant les deux dames, suivies de M. Détraque, arrivent près de la voiture, et crient au cocher :

— Nous vous prenons, cocher!... Au bois de Boulogne.. à Madrid... ouvrez-nous donc la portière !

Mais le cocher, qui était resté sur son siége, répond :

— Pas possible, mesdames, je suis loué !

— Ah ! oui, nous la connaissons celle-là !... C'est pour nous faire payer plus cher... eh bien! on lâchera les noyaux...

— Je vous répète que je suis pris, mesdames, et je ne serais pas que je ne prendrais pas quatre personnes, et je vois bien que vous êtes quatre...

— Bah! d'abord, ce petit homme-là ne compte pas, nous le mettrons sous nos pieds; l'autre, à côté de vous ; ainsi ça va tout seul... Détraque, ouvrez-nous donc cette portière, puisque cet entêté ne bouge pas... et, une fois que nous serons dans sa voiture, il faudra bien qu'il nous mène.

Détraque, qui veut être agréable aux deux femmes, court à la portière et essaye de l'ouvrir; mais Dorcelle la retenait et au même instant faisant une grosse voix, prenant un ton furibond, il crie de l'intérieur du coupé :

— Avisez-vous d'ouvrir cette portière et je vous brûle la cervelle!...

Détraque fait alors un tel saut en arrière, qu'il va tomber sur Polydore dont il écrase les pieds; quant aux deux dames, elles se mettent à rire aux éclats, en disant :

— Ah! on est dedans!... les amoureux sont dedans! Il fallait donc nous dire cela. Grand serin de cocher!... Excusez, monsieur et madame!... bien désolées de vous avoir interrompus!...

Et les jeunes femmes s'éloignent en chantant ce refrain si connu :

> Ne dérangeons pas le monde!
> Laissons chacun comme il est!

Leurs cavaliers les suivent; Polydore en boitant et en pestant après Détraque qui lui a écrasé les pieds, et celui-ci en jurant ses grands dieux qu'il n'essayera plus d'ouvrir les portières des voitures, même lorsqu'elles seraient sur une place.

Cet incident a fait passer le temps; le cocher riait encore de la peur qui avait saisi le petit monsieur et de l'énorme saut qu'il avait fait en arrière et qui eût mérité les louanges d'un saltimbanque, lorsqu'une voiture arrive par l'avenue Marigny; il était à peine midi, et cependant c'était Augustina : mais si l'exactitude est la politesse des rois, elle est toujours l'habitude des gens vraiment amoureux.

Dès qu'il a aperçu le fiacre, car c'est un modeste fiacre qui se dirige de son côté, Dorcelle a sauté hors de son coupé, puis il attend, il guette; la voiture s'arrête à quarante pas de la sienne, une femme en descend, c'est elle, il n'en peut plus douter; c'est la belle blonde; il a déjà reconnu sa taille élégante, sa démarche, sa manière, enfin tout ce qu'on remarque dans la femme que l'on aime et qui fait qu'on la distingue toujours entre mille : elle ne s'est pas fait attendre et elle est seule. Dorcelle est au comble de la félicité, il va courir au-devant d'Augustina, mais celle-ci lui fait signe de ne point bouger et d'ailleurs elle marche si vite, si légèrement, qu'en quelques secondes elle est devant le coupé, puis dans l'intérieur de la voiture; alors Dorcelle est bien vite à côté d'elle, il a refermé la portière, le coupé part et déjà il la tient dans ses bras et la presse contre son cœur avant d'avoir échangé avec elle un seul mot; mais il y a des moments où les actions valent mieux que les paroles.

La charmante femme s'est laissée enlacer, embrasser sans chercher à se défendre, ce qui prouve que ce n'est point une coquette et qu'elle partage l'amour qu'elle inspire; alors à quoi bon faire une résistance qui doit toujours être vaincue? n'est-ce pas plus charitable de se rendre tout de suite?

— Où me conduisez-vous? dit enfin Augustina, lorsque son amant lui permet de parler.

— Soyez sans crainte. Je vous mène dans un endroit bien retiré, bien isolé et qui bien certainement a été fait exprès pour des amoureux... d'ailleurs, vous vous fiez à moi, j'espère?

— Vous le voyez bien... Ah! vous m'avez tourné la tête... Vous m'avez fait oublier... ce dont j'aurais toujours dû me souvenir... Mais enfin... la faute est faite!... Je me repentirai quand je serai seule; mais avec vous je veux être tout à mon amour!...

Le cocher a suivi les instructions qu'il a reçues, il arrête la voiture devant la petite porte d'un jardin qui tient à une jolie maison que l'on aperçoit un peu plus loin. Dorcelle fait descendre sa dame, puis il ouvre la petite porte du jardin ; on entre dans une allée bien ombragée qui conduit jusque derrière la maison, on monte un escalier dérobé, on trouve une grosse sonnette que l'on agite, et une jeune fille, qui remplace les garçons traiteurs habituels, vous ouvre une jolie chambre, où rien ne manque pour quelqu'un qui voudrait y loger, puis vous quitte en vous disant de faire votre carte, annonçant qu'elle ne reviendra que lorsque vous sonnerez. On voit que tout cela est réglé, établi, ordonné pour contenter ceux qui veulent s'entourer de mystère.

Augustina était vêtue d'une espèce de peignoir en mousseline, sa toilette était fort simple, mais elle avait assez de charmes pour se passer de parure. Un joli bonnet de dentelle emprisonnait ses cheveux blonds, de grosses boucles s'en échappaient de chaque côté de son visage, mais le bonnet était posé fort en arrière de manière à ce que le front fût entièrement découvert. Dans la voiture, la jeune femme avait seulement sur sa tête un voile assez épais pour envelopper et sa coiffure et une partie de son visage.

Dans la chambre du restaurant où l'on est comme chez soi, Augustina a bien vite jeté de côté son voile. Dorcelle veut aussi la débarrasser de son petit bonnet, afin de pouvoir tout à son aise admirer ses beaux cheveux, mais la jeune femme l'arrête en lui disant :

— Non, je garde toujours ce que j'ai mis sur ma tête...

c'est une habitude... ridicule peut-être, mais une fois que je me suis coiffée le matin, je ne veux plus rien changer à ma coiffure.

— Toutes vos fantaisies doivent être respectées, madame, et, comme vous êtes toujours adorable, vous avez parfaitement le droit de rester telle que cela vous plaît.

Un tendre baiser est la récompense de ces paroles. Dorcelle est le plus heureux des hommes ! car vous savez que le plus heureux des hommes est toujours celui qui, pour la première fois, obtient tout de la femme dont il est épris.

Mais vous me direz peut-être que, dans ce vaste univers, chaque jour, à chaque heure, il y a un amant qui voit aussi couronner sa flamme, et que chacun de ces messieurs ne manque pas aussi de s'écrier « qu'il est le plus fortuné des hommes. »

Alors cela devient embarrassant ! Quel est donc dans tout ce monde-là celui qui est vraiment le plus fortuné des hommes ? Ma foi, j'y renonce ! mais, ce qui me fait plaisir, c'est que le nombre de ces heureux mortels est très-considérable.

Après avoir longtemps causé d'amour, Dorcelle fait une carte et sonne, parce que, remarquez bien ceci : en quelque position que l'on se trouve, triste ou heureuse, tranquille ou agitée, on finit toujours par manger... C'est le complément indispensable en amour comme en affaires, en politique comme en plaisirs ; c'est vulgaire ! mais c'est comme cela.

On fait un repas délicat, charmant, puis, tout en mangeant, on cause plus posément.

— Vous avez été bien longtemps, chère Augustina, sans me donner de vos nouvelles ?...

— C'est que je ne le pouvais pas, c'est qu'il m'était impossible de vous assigner un rendez-vous...

— Et maintenant, puis-je espérer que je vous verrai davantage ?

— Pendant quelques jours je serai encore ma maîtresse...

— Ah ! quel bonheur ! et ensuite ?...

— Ensuite, il faudra de nouveau attendre que je sois redevenue libre... Peut-être alors cesserez-vous de penser à moi !...

— Oh ! ne croyez pas cela ; mais on attend plus patiemment, alors qu'on est sûr d'être aimé...

— Ah ! vous devez en être bien sûr... et, pourtant, vous ne savez pas, vous ne saurez jamais à quoi je m'expose en vous aimant !

— Ne me dites pas cela, vous me donneriez presque des remords de mon bonheur !... Mais, ce que je ne comprends pas, c'est que, sous la dépendance d'un tyran, comme vous paraissez l'être, vous ayez osé aller danser au bal Mabille comme vous le faisiez souvent ?

— Oui, sans doute, c'était fort imprudent ! mais il faut que vous sachiez que je suis folle de la danse... surtout de cette danse libre, gaie, comme on se la permet là. Depuis longtemps je n'avais pu satisfaire mon goût... cela m'était positivement défendu ! Mais vous savez que les choses défendues ont encore plus d'attrait pour nous... Profitant de quelques jours de liberté et encouragée par une amie, en qui j'ai toute confiance...

— Celle que j'ai vue avec vous, sans doute ?

— Oui, ma bonne Nancy; je me suis risquée... et, lorsque vous m'y avez vue, c'était, je crois, la troisième fois que j'y allais.

— Moi, je suis allé à Mabille il y a quelques jours, pensant que peut-être je vous y rencontrerais...

— Oh ! je n'y suis pas retournée depuis cette fatale querelle...

— Est-ce que votre goût pour la danse est tout à fait passé ?

— Je ne dis pas cela... peut-être un jour y céderai-je encore... mais alors, vous y seriez avec moi, n'est-ce pas ?

— Oh ! toujours, partout où vous voudrez !...

Les deux amants restent jusqu'à cinq heures chez le traiteur. Alors on sort par le même chemin que l'on était venu. On remonte dans le coupé qui attendait toujours à quelques pas, et Augustina dit à Dorcelle :

— Vous m'arrêterez devant la première place de fiacres que nous verrons ; là, je descendrai et monterai dans une voiture qui me conduira... où je vais.

— Pourquoi ne vous y conduirais-je pas avec ce coupé ?

— Parce qu'il ne le faut pas, que je ne le veux pas... Est-ce que je n'ai plus quelques droits à votre obéissance?...

— Oh ! pardonnez-moi !... Ordonnez, je ferai tout ce que

vous exigerez. Mais, au moins, quand vous reverrai-je?

— Après-demain ; même heure, même endroit, même rendez-vous.

Dorcelle baise avec transport une main qu'on lui abandonne ; puis tout s'exécute comme la belle blonde l'a voulu ; elle quitte le coupé, monte dans un fiacre et disparaît. Alors Dorcelle se fait conduire chez lui en se répétant :

— Elle est ravissante, adorable ! Je suis le plus fortuné des hommes !

En dix jours cinq rendez-vous semblables ont eu lieu. La belle Augustina est plus tendre, plus aimante que jamais ; Dorcelle est-il toujours aussi fortuné ? Je ne crois pas ; la chaleur amoureuse est comme celle du temps, il est bien rare que le méridien marque longtemps les mêmes degrés ; le jeune homme éprouve encore un grand plaisir dans ces galants rendez-vous, cependant c'est sans trop de peine, qu'à la cinquième entrevue, il entend sa belle maîtresse lui dire :

— Mon ami, nous serons probablement longtemps sans nous revoir, car je vais cesser d'être libre... Il vous faudra de nouveau attendre de mes nouvelles.

— Quoi, déjà ! répond Dorcelle en poussant un soupir, bien moins fort que ceux qu'il poussait avant d'être le plus fortuné des hommes.

— Pendant le temps que vous serez sans me voir, me serez-vous fidèle ?...

— Oh ! toujours !

— C'est bien long, toujours !... Mais enfin, ne m'oubliez

pas tout à fait ; car maintenant je sens que je serais bien malheureuse si vous cessiez de m'aimer.

Dorcello fait toutes les protestations d'usage. La belle Augustina prolonge ce rendez-vous plus longtemps qu'à l'ordinaire, puis enfin on se sépare avec toutes les précautions accoutumées.

En se faisant reconduire chez lui, Dorcello se dit :
— Je ne suis pas fâché qu'il y ait un petit intervalle.

XVIII

LA GRAPPE DE GROSEILLE

Peu de jours se sont écoulés depuis que Dorcelle a eu son dernier tête-à-tête avec la belle blonde, lorsqu'il voit entrer chez lui son ami Abelino.

Toujours aussi affectueux, aussi aimable, le marquis vient presser la main de son jeune ami en lui disant :

— Me voici, moi ; vous le voyez, mon absence n'a pas été plus longue que je ne l'avais annoncé ? j'aurais été contrarié d'être retenu plus longtemps hors de Paris, d'abord parce que naturellement j'aime mieux être à Paris qu'ailleurs, c'est tout simple, puisque j'y ai ma femme et ma maison ; mais, cette fois, j'étais encore excité par ma curiosité ; il me tardait de savoir si vous aviez enfin obtenu la récompense de votre amour... si cette beauté mystérieuse que je soupçonne moi d'être un peu coquette, vous a enfin donné de ses nouvelles ?...

— Oui, marquis, oui, mon cher marquis; oh! tout est fini, maintenant. Je n'ai plus de vœux à former... mon triomphe a été complet !...

— Eh! allons donc, j'étais bien sûr, moi, qu'elle se rendrait, cette dame !... Vous savez que d'après sa lettre je vous ai dit : « Elle vous aime, vous la posséderez ! »

— Oui, c'est vrai, je me le rappelle... mais cela était si long ; moi, je perds vite patience.

— Il en faut toujours en amour. Mais, voyons, contez-moi maintenant comment cette dame s'est rendue?...

— Oh! cela a marché très-vite... Elle m'a donné un rendez-vous aux Champs-Élysées, elle est arrivée en fiacre, moi j'avais un coupé; elle est montée dans mon coupé, et ma foi! alors je l'ai menée à Neuilly, dans un petit restaurant ravissant, mystérieux où l'on est comme chez soi.....

— Elle n'a pas fait trop de façons pour y entrer ?

— Aucune ! d'ailleurs, une fois dans la voiture avec moi !... Oh! ce n'est pas une coquette, je n'ai pas eu à subir toutes les simagrées d'usage !... Tenez, mon cher, je suis forcé de croire que c'est une femme qui m'aime réellement et qui m'a cédé parce que j'avais vraiment dû toucher son cœur.

— Tant mieux, ces conquêtes-là sont les plus rares et les meilleures. Lui avez-vous fait quelque présent?...

— Oh! vraiment, voilà ce qui me fait croire encore que je suis aimé : figurez-vous qu'une fois, j'avais acheté une assez jolie broche en diamants et rubis que je voulus lui faire accepter. Ah ! si vous saviez comme mon cadeau fut reçu !... Elle prit la broche, la jeta à terre avec colère, en s'écriant : « Je me donne par amour et non pas pour que l'on me fasse des cadeaux !... »

— Décidément cette femme-là s'était fourvoyée en allant à Mabille !...

— N'est-ce pas, cher ami !... mais elle aime passionnément la danse, surtout cette danse qui permet de se livrer à mille folies, et c'est là ce qui l'avait entraînée à ce bal. Comme je ne veux pas, moi, contrarier ses goûts, je lui ai dit que je n'entendais pas que, pour moi, elle renonçât à son plaisir favori ; elle m'a remercié, et, la première fois que nous nous reverrons, il est convenu que je l'accompagnerai à Mabille, où elle veut danser une dernière fois.

— Allons, je vois que cette belle danseuse mérite la passion qu'elle vous a inspirée !... Et est-elle aussi jolie, aussi adorable dans le tête-à-tête qu'au bal ?

— Oh ! cent fois plus encore... c'est un trésor de charmes, de volupté... et puis... Oh ! si vous saviez... j'ai découvert chez elle quelque chose de ravissant !... qu'il n'est pas donné à un simple mortel d'admirer... Il faut être comme je l'étais un élu des dieux pour voir cela...

— Comment... qu'est-ce donc ?

— Eh ! mon cher, un signe... un signe bien extraordinaire par sa perfection... et qui est placé... tout près d'un certain endroit... vous comprenez ?...

Le marquis a éprouvé comme un léger frémissement,

un frisson presque imperceptible a subitement parcouru tout son corps, il s'en est sur-le-champ rendu maître et reprend :

— Ah ! cette dame a un signe... particulier?...

— Une grappe de groseille, mon cher, oh ! mais une grappe de groseille parfaitement marquée... La rafle un peu brune, et les grains d'un rouge admirable.

Le marquis a changé de couleur, il n'est pas maître cette fois d'une certaine contraction nerveuse, et Dorcelle, qui s'en aperçoit, lui dit :

— Est-ce que vous souffrez, marquis ?

— Oui... une douleur au cœur qui me prend quelquefois... mais ce n'est rien... cela passe vite...

— Voulez-vous prendre quelque chose ?

— Non... merci ; tenez, c'est déjà passé... Continuez donc, ce que vous me dites est si incroyable... un signe qui ressemble à une grappe de groseille !...

— Je vous certifie que cela est frappant !

— Et vous êtes-vous amusé à compter les grains ?

— Oui, assurément, il y en a sept... Oh ! mais sept, bien distincts !

— Et ce signe se trouve... placé ?

— Ici, tenez... à la naissance de la cuisse droite... Oh ! mais, vous souffrez encore, marquis... Laissez-moi vous donner quelques gouttes d'éther sur du sucre... j'en ai là...

Dorcelle s'est levé pour courir prendre un flacon dans son secrétaire ; pendant ce temps, Abelino, qui est devenu livide, marche à grands pas dans l'appartement, ses regards lancent des éclairs, mais il baisse les yeux vers la terre lorsque Dorcette se rapproche de lui.

— Tenez, mon cher ami, mettez cela dans votre bouche... Je vous promets que cela vous soulagera...

Le marquis prend le morceau de sucre imbibé d'éther, l'avale brusquement, puis balbutie :

— Oui... oui... cela me calmera... d'ailleurs un homme doit savoir souffrir !..

— Vous l'avez avalé un peu vite... Mais, ce mal... y a-t-il longtemps que vous l'éprouvez ? Vous ne m'en aviez jamais parlé...

— A quoi bon !... Et cette femme... votre maîtresse... vous a-t-elle dit quelque chose sur sa position, sur ce qui l'oblige à user de mystère ?...

— Oh! rien du tout. Sur ce chapitre, elle ne veut même pas qu'on la questionne. Mais, après tout, vous comprenez que cela m'est assez égal ! Je présume qu'elle est entretenue par quelque grand personnage... je ne tiens pas du tout à savoir qui !... J'ai obtenu tout ce que je voulais, je n'en demande pas davantage !... Mon Dieu, comme cette crise que vous venez d'avoir vous a changé... vous n'êtes pas reconnaissable !... Il faut vous soigner, marquis... Oh! mais, sérieusement, je dirai à madame la marquise combien je vous ai vu souffrir, pour qu'elle vous oblige aussi à voir votre médecin.

Le marquis arpente encore l'appartement ; enfin il murmure :

— Il est difficile de se soigner en voyageant, et comme je vais repartir...

— Vous allez repartir? Mais vous venez à peine d'arriver...

— Je ne suis revenu que... pour chercher des papiers importants que j'avais oubliés et qui m'étaient indispensables...

— Ah! c'est contrariant!... Moi, qui me félicitais de vous voir de retour... Et quand partez-vous?

— Ce soir même je quitterai de nouveau Paris!

— Quel ennui! Mais au moins vous ne serez pas longtemps absent, cette fois?...

— Je ne sais... je ne puis répondre, cela dépendra des circonstances!...

— Tenez, mon cher Abolino, je ne suis pas dans les honneurs comme vous, c'est vrai; mais franchement j'aime mieux mon obscurité avec ma liberté, que les grandeurs que vous obtiendrez, mais qui vous coûtent vos amis, vos plaisirs et le pouvoir de faire votre volonté.

Le marquis ne répond rien, mais il a repris son chapeau et sort vivement de la chambre, en balbutiant d'une voix étouffée :

— Adieu, Dorcelle, adieu...

— Comment, vous vous sauvez comme cela!... Attendez-moi donc... et vous vous en allez sans m'avoir donné une poignée de main!...

Mais le marquis n'écoutait pas Dorcelle; il a traversé rapidement l'appartement, et il descend l'escalier si vite, qu'il est déjà en bas lorsque le jeune homme arrive seulement sur son carré.

Voyant que c'est en vain qu'il l'appelle, Dorcelle rentre

chez lui, persuadé que le marquis souffrait encore avec violence et que c'est pour ne point lui laisser voir sa souffrance qu'il s'est sauvé avec tant de précipitation.

— Pauvre ami! se dit-il, se remettre en voyage lorsqu'on est sujet à des crises si violentes... Ah! l'ambition rend capable de tout! Et cette belle marquise, comme elle doit s'ennuyer d'être si souvent privée de la compagnie de son mari!... D'autant plus qu'il n'est pas permis d'aller la consoler!

XIX

UNE PLACE OU L'ON NE FAIT QUE SE PROMENER

En sortant de chez Dorcelle, le marquis Abelino s'est rendu sur-le-champ chez lui, et là, sans aller voir sa femme qui est dans son appartement, il fait venir son valet de chambre et lui dit :

— Je repars à l'instant, une dépêche importante que je viens de recevoir m'oblige à me rendre promptement en Espagne. Je n'ai pas même le temps d'aller faire mes adieux à la marquise, vous lui apprendrez mon nouveau départ, en lui annonçant que je compte être quinze jours absent.

Le valet de chambre s'incline et le marquis, sans dire un mot de plus, sans vouloir que personne l'accompagne, quitte aussitôt son hôtel...

Le lendemain, Dorcelle recevait de sa belle blonde un billet qui contenait ces mots :

« Je suis libre bien plus tôt que je ne l'espérais; c'est ce soir bal chez Mabille; mais les beaux jours tirent à leur fin, il faudra bientôt renoncer à ces danses dans un jardin, c'est pourquoi je brûle d'envie de profiter de la belle soirée que nous aurons encore, pour aller une dernière fois... car ce sera bien la dernière, revoir ces lieux où j'ai fait votre connaissance et qui pour cela auront toujours de l'attrait pour moi. Ce soir donc, je me rendrai à Mabille avec ma bonne Nancy, et je compte vous y trouver; n'allez pas manquer d'y être surtout!... Oh ! mais non, non, vous y serez, je ne veux pas en douter. A ce soir, mon ami. Celle à qui vous avez tourné la tête, et qui n'est plus heureuse que près de vous.

« AUGUSTINA. »

— Il est très-gentil, ce billet!... très-bien tourné! dit le jeune homme après l'avoir lu une seconde fois. Oui, certes, j'irai ce soir à Mabille. Ah! l'intervalle n'a pas été bien long cette fois! Peut-être, maintenant qu'elle s'est donnée à moi, sait-elle elle-même abréger les séparations? les femmes sont si rouées!... Ah! c'est vilain, ce que je dis là!... Mais aussi, pourquoi celle-ci éprouvait-elle tant de difficultés rien que pour me donner de ses nouvelles, et aujourd'hui, il y a cinq jours à peine que nous avons dîné ensemble, et elle peut me donner un nouveau rendez-vous... Tant mieux, après tout!... Quel dommage que le marquis soit reparti si brusquement, je l'aurais mené à Mabille avec moi... je lui aurais fait voir Augustina. Mais il est parti, j'irai seul... Ce n'est pas amusant d'aller seul dans ces endroits-là !... Tiens, une idée, allons voir si Godineau peut y venir avec moi !

Darcelle se rend chez Godineau, qu'il trouve en train de terminer sa grande toilette, avec le costume tout neuf qu'il avait pour se marier avec mademoiselle Érato.

— Bonjour, cher ami, s'écrie Godineau tout en continuant à perfectionner le nœud de sa cravate. Parbleu ! vous arrivez bien... vous ne pouvez pas arriver mal, du reste ! Mais enfin, vous venez à propos...

— Comme vous vous faites beau, Godineau, le costume de cérémonie !... Est-ce que vous allez encore essayer de signer un contrat de mariage !

— Essayer est charmant... et juste, ma foi !... car jusqu'à présent je me suis borné à des essais... non, mon maître, je ne vais pas encore pour signer le contrat; mais je vais me présenter à un père auquel il s'agit de convenir; on m'a assuré que j'étais un garçon dans ses eaux... enfin que je lui irais... Écoutez, voici ce que c'est : cette obligeante madame Cabochon a mis dans sa tête qu'elle me marierait... vous comprenez que, moi, je la laisse faire ! En apprenant mon chou-blanc dans la famille Turq, dont je ne regrette pas la mélasse ! madame Cabochon s'est écriée : « J'ai quelque chose qui cette fois ne vous glissera pas dans la main ! Venez demain à la soirée de M. Grosbœuf ; vous verrez la jeune personne, elle vous verra, la maman y sera, pas le papa, parce qu'il a la goutte et ne peut pas marcher; mais vous ferez déjà connaissance avec la mère et la fille; vous aurez un pied dans l'étrier. » Fort bien. Je me dis : puisqu'il ne s'agit que d'aller chez les Grosbœuf pour avoir un pied dans l'étrier du mariage, allons nous livrer à cette équitation. Je me rendis donc chez les Grosbœuf... où je vous ai mené une fois...

— Oh! je m'en souviens... diable! ce sont de ces soirées qui ne s'oublient pas!

— Madame Cabochon y était; elle me présenta à madame Requin et à mademoiselle Aglaure, sa fille. Cette demoiselle a de vingt à vingt-sept ans... Elle n'est pas absolument jolie... elle n'a pas été vaccinée et ça se voit! mais elle a l'air d'une très-bonne personne. Elle ne rit pas sans cesse, comme mademoiselle Lucinette, mais elle n'a pas l'air raide et gourmé de la fière Érato; de plus, elle ne touche pas de piano! sentez-vous tout le charme de cette omission. Maintenant que toutes les demoiselles touchent du piano, même les filles de portier, une jeune personne qui ne tape pas sur cet instrument est devenue une chose rare! Elle n'est pas jolie, c'est vrai! mais elle ne touche pas de piano! Bref, pour en faire ma femme, c'est fort suffisant, parce que, moi, je ne trouve pas qu'il soit du tout nécessaire d'adorer sa femme... C'est du luxe, cela! Et puis, quand on adore une femme, on en est jaloux; et, un mari jaloux, c'est ce qu'il y a de plus ridicule sous la calotte des cieux... Comment trouvez-vous ce nœud de cravate?

— Admirable! digne de feu le *comte d'Orsay*, le roi de la mode!

— Je fis donc connaissance avec ces dames... Je jouai aux petits jeux innocents avec mademoiselle Aglaure.., où j'eus occasion d'admirer ses réparties spirituelles : Quand elle me dit : « Je vous vends mon corbillon » et que je répliquai comme c'est l'usage : « Qu'y met-on ? » Elle me répondit : « Tout ce que vous voudrez! » C'était gracieux, hein !

— Mais il me semble que cela ne rimait pas.

— Oh! ça m'est bien égal! je ne tiens pas à la rime, moi. Bref, il paraît que je plus beaucoup à ces dames, c'est ce que madame Cabochon me dit à l'oreille. Je reconduisis madame Requin et sa fille à leur demeure, rue des Martyrs, et avant de me quitter, la maman m'engagea à aller la voir, m'assurant que M. Requin serait enchanté de faire ma connaissance.

— Il me semble que cela va comme sur des roulettes! Et la fortune ?

— Ah ! vous pensez bien que je me suis informé près de mon entremetteuse, voici ce qu'elle m'a répondu : « La dot n'est pas forte, Aglaure ne vous apportera en dot que mille écus comptant, mais voici ce qui vaut de l'argent : celui qui l'épousera sera mis sur-le-champ en possession d'une très-bonne place, très-bien rétribuée. C'est son parrain, homme très-influent, qui fera avoir cette place à celui qui épousera sa filleule. » Ma foi, je vous avouerai que cela me sourit assez! Trois mille francs de dot, c'est peu de chose ; mais une place solide, cela tente ! le courtage va si peu, depuis quelque temps, que je l'abandonnerai sans regret, et vous me voyez me disposant à aller faire connaissance avec le papa Requin...

— C'est fort bien, mon cher; moi, je venais vous offrir de m'accompagner ce soir à Mabille. Vous ne pourrez peut-être pas?

— Si fait, j'irai avec vous ce soir; mais à condition que vous allez venir avec moi, ce matin, voir la famille Requin.

— Y pensez-vous! quoi, vous voulez encore m'emmener? vous oubliez donc que je vous porte malheur.

— Allons donc, folie que tout cela! je ne suis pas fataliste, moi, ni superstitieux; il est impossible qu'un ami tel que vous me porte malheur! D'ailleurs, cette fois... je n'ai pas à redouter que la demoiselle se trompe et devienne éprise de vous; elle me connaît déjà, je lui plais, je lui conviens, et je ne crains pas que vous ayez envie de me la souffler.

— Mais que voulez-vous que j'aille faire chez ces personnes que je ne connais pas?

— Je vous présente comme mon ami intime, dont les sages conseils m'ont toujours guidé; et, tandis que le père goutteux me tiendra, vous verrez, vous examinerez la maison; vous avez du coup d'œil, du tact, vous me direz si je puis compter sur mille écus comptant.

— Soit! mais, vous, de votre côté, tâchez de savoir quelle est cette place que l'on vous promet en épousant?

— Soyez tranquille, je m'informerai. Me voici superbe, partons; je vous offre une voiture.

— Je l'accepte.

La rue des Martyrs ne ressemble pas plus au haut du

faubourg Saint-Martin, que le boulevard des Italiens au boulevard Beaumarchais. Le faubourg Montmartre est élégant jusque dans ses derniers détours. Là, vous sentez encore votre Chaussée d'Antin à plein nez, car à chaque instant passent près de vous des petites femmes mises avec coquetterie et qui embaument le patchouli et le musc, ou tout au moins le vinaigre de Bully : odeurs qu'il vous serait bien difficile de rencontrer dans le haut du faubourg Saint-Martin. Le voisinage de Notre-Dame de Lorette et du Casino Cadet doit être pour beaucoup dans l'élégance de ses habitants. Quelle qu'en soit la cause, toujours est-il certain que vous ne monterez pas une de ces rues qui terminent le faubourg Montmartre, sans rencontrer une grande quantité de jolies femmes. Heureux faubourg !

Les deux amis sont arrivés devant la demeure de la famille Requin ; la maison est très-confortable, le concierge presque poli, l'escalier parfaitement tenu.

— Cela s'annonce bien, dit Godineau, car j'ai remarqué qu'il ne fallait pas avoir confiance en des gens qui demeurent dans une maison malpropre. C'est au second... nous y voici. Un bouton au lieu de sonnette ; bigre ! voilà qui est bon genre tout à fait ! Je tire le bouton.

Une bonne campagnarde vient ouvrir, et elle annonce en estropiant les noms, comme c'est généralement l'habitude des bonnes, même de celles qui n'arrivent pas de leur village.

— M. Gobineau et M. Ficelle ! crie la domestique en ouvrant la porte d'un petit salon meublé avec profusion, mais avec peu de goût. Toute la famille est là réunie : le papa étendu dans un de ces fauteuils dits ganaches, et la jambe gauche enveloppée de flanelle, posée sur un petit tabouret; la maman assise et lisant près d'une fenêtre, et la demoiselle un peu plus loin se brodant des manchettes.

— Touchant tableau de famille ! murmure Godineau, tandis que Dorcelle, encore sous l'empire d'une envie de rire, causée par le nom que la bonne vient de lui donner, se mord les lèvres pour ne point éclater en saluant M. Requin qui, outre sa figure joviale et enluminée, a trois nez superposés les uns sur les autres; c'est-à-dire que sur son nez ordinaire est poussé un énorme rejeton, lequel a aussi donné naissance à une troisième combinaison nasale; et, pour quelqu'un qui n'y est pas habitué, cette superbe floraison de nez produit nécessairement un singulier effet. Cela saisit aussi God neau qui reste au milieu de sa phrase d'entrée en apercevant le *pif* de M. Requin; car si jamais nez mérita le nom de *pif*, c'est bien celui-là.

La maman et sa fille se sont levées avec empressement pour recevoir les deux amis. Le papa ne peut pas se lever, mais il salue de la tête en souriant d'une façon très-expressive. Tandis que Godineau a dit :

— Mesdames, monsieur, je profite de l'aimable invitation de ces dames pour... pour...

Ici, l'aspect du nez du père de famille lui a coupé la parole. Mais M. Requin qui prend cela pour de la timidité, s'empresse de dire :

— Et vous avez très-bien fait, monsieur, nous vous en savons gré... Excusez-moi si je ne me lève pas pour vous recevoir, je le voudrais! oh! je vous certifie que je le voudrais... mais ma maudite goutte... Vous êtes monsieur Godineau?

— Oui, monsieur, et je me suis permis d'amener avec moi mon meilleur ami... qui me sert de père... je veux dire, qui me porte l'intérêt le plus vif... M. Adrien Dorcelle, qui jouit de vingt-cinq mille francs de rente, et n'en est pas plus fier.

— Fichtre, c'est une belle jouissance que celle-là! Moi, je jouis... c'est à-dire je possède la goutte : chose dont je me passerais bien volontiers... car comme on dit toujours : Il vaut mieux la boire que l'avoir... Eh! eh! eh!...

— Mais c'est peut-être parce que vous l'avez un peu trop bue que vous l'avez maintenant, dit madame Requin en soupirant.

— Ah! ma chère amie, vous allez me faire passer pour un ivrogne près de ces messieurs!... Non, non, j'ai attrapé cela à l'armée... car j'ai servi... dans les vivres, dans les fourrages, mais bah! il faut vivre avec ses ennemis!

Godineau est allé s'informer de la santé de mademoiselle Aglaure, et il ne manque pas d'admirer son talent pour la broderie.

— Oh! elle a bien d'autres talents que je prise davantage, dit M. Requin; par exemple, elle excelle dans les crèmes au chocolat!... Les aimez-vous?

— Beaucoup, Monsieur.

— Eh bien! vous n'en aurez jamais mangé comme celle que ma fille confectionne; mais venez, venez donc vous asseoir près de moi, monsieur Godineau, on m'a parlé de vos intentions, nous allons causer un peu... et votre ami, pendant ce temps-là, fera la causette avec ces dames.

Godineau se hâte de se rendre aux désirs de ce monsieur si riche en nez, il va s'asseoir à côté de lui, et Dorcelle qui trouve mademoiselle Aglaure extrêmement laide, va s'asseoir près de la maman en se disant :

— Comment diable savoir si ces gens-là donneront en effet trois mille francs comptant à leur fille... Cela me paraît assez difficile; car enfin l'intérieur de ce ménage semble annoncer l'aisance, mais je ne puis pas leur demander s'ils ont de l'argent en réserve.

Madame Requin évite à Dorcelle la peine de lui faire des questions; elle parle, parle, et lui laisse à peine le temps de placer un mot. Dans le flux de paroles qui bourdonnent à ses oreilles, il a pu cependant comprendre que M. Requin a six mille francs de rente, qu'il ne donne à sa fille que mille écus de dot, parce que c'est son idée fixe, mais que le parrain d'Aglaure est un homme qui a de superbes connaissances et n'a jamais manqué à sa parole; il a promis une bonne place pour le mari de sa filleule, on peut être sûr que celui-ci l'aura.

Ensuite la maman fait des questions sur Godineau, sur son caractère, son humeur, ses habitudes; mais lorsque Dorcelle va pour répondre, elle ne le laisse pas parler et va toujours son train en disant :

— Je vois que c'est un excellent garçon... cela se lit

sur sa figure et je suis très-physionomiste !... J'ai dit tout de suite à ma fille : « Tiens ! voilà un homme qui rendra sa femme heureuse ! » et Aglaure m'a répondu ; « Oh ! il me plaît tout plein !... »

Ici, mademoiselle Aglaure essaye d'interrompre sa mère ; mais il n'y avait pas moyen; une fois lancée, la maman ne s'arrêtait plus.

— Oui, oui, tu m'as dit qu'il te plaisait ! et pourquoi en rougir maintenant, puisque tu as plu aussi à M. Godineau et qu'il vient ici pour te demander en mariage à ton père, auquel je suis certaine qu'il plaît également... Je vois cela sur la figure de Requin, je ne sais pas ce qu'ils se disent, mais les voilà qui rient... c'est bon signe !

En effet, Godineau avait avec le papa goutteux une conversation souvent entremêlée par les éclats de rire du père de famille qui, pour un goutteux, n'en était pas moins gai ; il avait débuté par dire au jeune homme

— Buvez-vous sec ?

— Mais pas mal.

— Très-bien... Aimez-vous à tenir table longtemps ?

— J'avoue que cela ne me déplaît pas...

— Parfait ! vous comprenez bien que je n'ai pas gagné ma goutte à faire diète et à boire de l'eau fraîche ! Il y a des gens qui prétendent que maintenant je devrais me mettre à un régime sévère... Fi donc ! jamais !... une fois qu'on est goutteux, voyez-vous, il vaut autant l'être en vivant bien, que de l'avoir en se privant de tout... Eh ! ch ! eh ! Voilà comme je me traite, moi !...

— Cette manière de traiter la goutte me semble hardie, mais *audaces fortuna juvat !*

— Je ne sais pas le latin. Jouez-vous le piquet ?

— Je joue tous les jeux...

— Même le domino ?

— Surtout le domino !

— Touchez-là, vous êtes le gendre que j'avais rêvé !

« Vous savez les conventions : je vous compte mille écus espèces en vous donnant ma fille et vous recevez tout de suite votre nomination à un emploi solide et lucratif...

— Très bien... cela me va... Ah ! seulement, je désirerais bien savoir quel genre d'emploi... enfin quelle place je dois obtenir ?

— Ah ! ma foi, le parrain ne m'a pas dit dans quoi c'était ; mais il m'a assuré que c'était une place dans laquelle on n'avait pas autre chose à faire qu'à se promener...

— Une place où l'on n'a qu'à se promener ! Oh ! mais, ça me va beaucoup... Touchez-là, monsieur Requin, je suis tout prêt à devenir votre gendre ! A quand la noce ?

— Ah ! il faut à présent que nous attendions le retour du parrain d'Aglaure !

— Où est-il donc, ce parrain ?

— A la campagne, où il passe la belle saison... Il était à Paris il y a huit jours, il ne reviendra plus qu'à la fin du mois ou dans les premiers jours d'octobre.

— Si on lui écrivait pour le prier de revenir plus tôt ?

— Oh ! inutile, il ne reviendrait pas plus vite ! C'est un monsieur qui n'aime pas à se déranger. Mais ce n'est plus qu'une quinzaine de jours à attendre, ça passe vite, et vous viendrez souvent dîner avec nous et faire une partie en attendant.

Godineau et le monsieur aux trois nez se tapent dans la main. Mademoiselle Aglauré fait un petit bond de joie sur sa chaise et la maman s'écrie :

— Ça y est ! c'est conclu, j'étais certaine que cela se ferait.

Godineau se rapproche de sa future en faisant le gentil, et en murmurant :

— Mademoiselle, si vous n'y mettez pas d'obstacle, on me permet de vous regarder comme ma future épouse ?

— Je n'en mets pas, monsieur, oh ! je n'en mets pas du tout !...

— De plus, on m'autorise... toujours si vous le permettez, à vous embrasser...

La demoiselle grêlée fait des minauderies, mais la maman pousse Godineau en lui disant :

— Allez-y donc ! Elle ne demande pas mieux !

Le baiser est cueilli, faveur que Dorcelle n'envie pas à son ami ; puis, après avoir encore causé un moment, les deux jeunes gens prennent congé de la famille Requin, Godineau en promettant de revenir souvent.

— Cette fois, il me paraît que c'est une affaire arrangée ? dit Dorcelle lorsqu'ils sont dans la rue.

— Oui, mon ami... Vous n'avez rien remarqué de défavorable dans cet intérieur ?

— Rien du tout... Je crois que ce sont de très-braves gens...

— Comment trouvez-vous la demoiselle ?

14

— Franchement, elle n'est pas bien jolie... mais elle a de la physionomie...

— N'est-ce pas ?... Seulement je ne sais pas quelle pommade... ou quelle eau elle emploie pour sa toilette... mais, en l'embrassant, j'ai senti un fichu goût de rance... Elle se sera servi de vieux *cold-cream!*... Je la ferai changer de parfumeur.

— Et cette place qu'on vous assure, le beau-père a dû vous dire ce que c'était ?

— Non; tout ce qu'il a pu me dire, d'après quelques mots échappés au parrain, c'est que c'est une place où l'on n'a pas autre chose à faire qu'à se promener toute la journée !...

— Oh ! mais c'est charmant, cela...

— Vous concevez donc que cela me va beaucoup, c'est ce qui m'a décidé à contracter ce mariage... Seulement, il faudra que ma femme change de parfumeur.

XX

UNE PLAISANTERIE MAL PRISE

Ce même soir, sur les huit heures, la belle Fidélia, l'épouse du marquis Abelino, sortait de son hôtel enveloppée dans un vaste manteau de velours et la tête couverte d'un chapeau par-dessus lequel un voile épais était jeté.

Un fiacre attendait à la porte, la marquise montait lestement dedans, personne ne l'accompagnait et le fiacre partait aussitôt.

Mais ce soir-là, une autre voiture stationnait à trente pas de l'hôtel ; un homme était dedans, qui attendait, qui observait, qui guettait toutes les personnes qui en sortaient ; cet homme était le marquis Abelino.

Après avoir vu la marquise monter dans le fiacre, il

avait fait un signe à son cocher et celui-ci s'était mis à suivre cette voiture, en laissant toujours une distance d'au moins trente pas entre eux.

Le fiacre qui conduisait la marquise, s'est arrêté devant une maison de la rue des Petites-Écuries. La marquise est descendue, elle est entrée dans la maison, et son cocher, payé d'avance sans doute, est reparti aussitôt.

Le marquis a vu tout cela, il est lui-même descendu de la voiture, et après quelques minutes d'intervalles il sonne à la porte de la maison dans laquelle est entrée sa femme.

Une portière est dans sa loge, le marquis y pénètre; il présente à cette femme une pièce de vingt francs en lui disant :

— Je suis amoureux de cette dame qui vient d'entrer ici, il n'y a qu'un instant; de grâce, dites-moi chez qui elle va... cela ne peut en rien vous compromettre !

La vue d'une pièce de vingt francs produit toujours un effet magique dans une loge de portier.

La concierge commence par prendre la pièce, l'examine pour s'assurer qu'elle est de bon aloi, puis répond :

— Ma foi, monsieur, vous êtes trop généreux pour qu'on ne cherche pas à vous être agréable, et puis ce que vous demandez n'est pas la mer à boire! La dame qui vient de sonner va ici au troisième, chez son amie, madame Nancy Gerval, une petite dame qui demeure seule, mais qui est bien honnête et qui paye son terme régulièrement.

— Et cette personne qui vient d'entrer se rend souvent ici ?

— Souvent ? Il y a des temps qu'elle vient souvent ! puis *quelquefois* elle est longtemps sans revenir...

— Mais ces dames ne vont-elles pas bientôt sortir ensemble ?

— Oh ! dans une bonne heure ; pas avant. Mais alors... c'est bien drôle : celle qui vient de venir a changé de toilette, il paraît qu'elle s'habille chez son amie, elle se fait superbe... et, ce qui m'a d'abord paru bien singulier, c'est qu'elle arrive brune et elle s'en va blonde. C'est au point que, dans les premiers temps, je ne pouvais pas croire que c'était la même personne. Cependant, comme j'étais sûre qu'il n'en était pas venu d'autres pour madame Nancy, je me suis dit : c'est la même qui se déguise, apparemment.

— Et où vont ces dames ?

— Quant à ça, je ne me suis pas permis de leur demander si elles allaient au bal... ce que je suppose pourtant. Elles envoient chercher une voiture, et puis fouette cocher !... Du reste, elles ne rentrent pas trop tard ; à onze heures et demie au plus tard elles sont de retour... c'est honnête, ça ! La blonde remonte chez son amie, elle en ressort brune comme la première fois... mais alors le changement de toilette a été bien plus vite fait, on fait venir une voiture... Ah ! elle doit dépenser de l'argent en voitures celle-là ! mais il paraît que ses moyens le lui permettent ! Et puis, votre dame, enveloppée dans son manteau et la tête couverte de son voile, s'en va tout comme elle était venue.

— C'est bien, madame ; je n'ai pas besoin d'en savoir davantage. Je suis satisfait...

— A vot'service, monsieur, quand vous aurez besoin d'autres renseignements sur quelqu'un de la maison......

— Je vous remercie ! je n'ai pas besoin de vous recommander la plus grande discrétion !...

— Pardieu ! vous entendez bien que je ne serai pas assez bête pour aller dire à mes locataires que j'ai jasé sur eux... je connais mon état.

Le marquis est sorti de la maison, il va se remettre en observation dans son coupé. Une grande heure se passe. Enfin la portière sort et revient bientôt en ramenant un fiacre ; deux femmes montent dedans, la voiture part et ne s'arrête qu'aux Champs-Élysées devant le jardin Mabille ; alors les personnes qu'elle a amenées descendent et entrent au bal.

Il est inutile de dire que le marquis a vu tout cela, car il a constamment suivi les deux dames, mais il s'est toujours tenu trop loin d'elles pour distinguer leurs traits ; il ne doute pas que la plus élégante de ces deux personnes ne soit sa femme, mais il n'a pas pu la voir assez à son aise pour juger si en effet elle se change au point d'être méconnaissable.

Abelino se promène quelque temps dans l'allée des Veuves, sans trop s'éloigner de Mabille ; il se dit que ce serait imprudent à lui d'y entrer, qu'il pourrait être aperçu par Dorcelle ou d'autres personnes de sa connaissance, et cependant il brûle de voir sa femme sous cette figure nouvelle qu'elle prend pour aller dans ce jardin ; il pense qu'il lui sera facile de se tenir assez à l'écart pour ne point être reconnu, et, après avoir hésité encore quelque temps, il cède à ce désir qui le dévore, il entre dans ce jardin, où, peu de temps auparavant, il est venu avec Dorcelle pour y chercher cette femme qu'il ne pensait guère être la sienne.

Le bal était dans tout son éclat : foule à la danse, nombreux promeneurs dans les allées, mais le marquis n'osait approcher de l'enceinte du bal. Cependant l'orchestre joue la ritournelle d'un quadrille...

— Puisqu'elle vient ici pour danser, se dit Abelino, c'est là qu'elle doit être maintenant et Dorcelle est près d'elle ; je puis donc m'avancer un peu, et en me tenant derrière du monde... je la verrai... je saurai si vraiment il a pu ne point la reconnaître.

Le marquis ne s'était pas trompé, la belle Augustina dansait avec cette ardeur, cet entrain qui prouvaient le plaisir qu'elle prenait à cet exercice. Dorcelle, qui ne dansait pas, donnait le bras à Godineau et se tenait derrière sa belle conquête, mais n'avait pas constamment les yeux sur elle et se permettait de regarder aussi quelques autres danseuses assez gentilles, qui se livraient à une danse beaucoup plus échevelée.

— Oui... oui... il a pu s'y tromper ; se dit le marquis en suivant de loin tous les mouvements de la belle danseuse... Oh ! cette femme !... avec quel art elle se change... je m'y serais trompé moi-même, si je n'étais pas certain que c'est... Ah ! j'ai honte de le dire, ce nom. J'en ai vu assez maintenant... partons.

Le marquis se retire doucement de la foule et se dirige vers la sortie, mais, au détour d'une allée, il coudoie presque deux messieurs qui arrivaient au bal, et l'un d'eux s'écrie :

— Tiens !... mais ce monsieur qui vient de passer si vite... on dirait que c'est monsieur le marquis Abelino !... L'as-tu reconnu, Détraque ?

— Comment voulez-vous que je reconnaisse votre marquis, mon cher de Nanterre, puisque je ne le connais pas...

— Détraque, vous n'avez donc pas pour un décime de mémoire ?... Vous avez vu le marquis la dernière fois que nous avons rencontré ici Dorcelle, ce monsieur lui donnait le bras...

— C'est possible ! mais je ne fais pas beaucoup attention aux hommes, moi ; ah ! s'il s'agissait d'une femme, c'est différent... elle serait encore présente à ma pensée.. surtout si elle était jolie... Ah ! ah ! ah !

— Taisez vous, Détraque ! vous pensez trop aux femmes.. aussi elles vous font aller ! Voyez, moi, je ne m'en occupe pas... et j'ai des bonnes fortunes plus que je n'en veux ! Je vous l'ai dit cent fois, mon cher, avec les femmes, plus vous courez après elles et plus elles se sauvent ! N'ayez pas l'air d'y faire attention et ce sont elles qui viennent vous agacer... ce n'est pas plus malin que ça !

— Je crois que vous avez raison ; j'attendrai qu'on vienne m'agacer.

Ces messieurs sont allés à la danse qui vient de finir. Ils ne tardent pas à apercevoir la belle blonde, qui donne le bras à Dorcelle ; Godineau cause avec Nancy qui marche près de son amie.

— Ah ! voilà ce facétieux Dorcelle ! s'écrie Polydore, Voyez-vous, Détraque, il osait l'autre soir nous demander des nouvelles de cette sauteuse... et il la tient sous son bras... il se moquait de nous, tout simplement ! mais je me vengerai !... Je ne manquerai pas de dire à madame la baronne de Bréville qu'il ne craint pas de se compromettre en donnant son bras à une des habituées de ce bal...

— Prenez garde ! vous savez qu'il se bat... il vous cherchera querelle !

— Je n'ai pas peur de lui !... Ah ! Godineau est avec eux... c'est le restant de nos écus !...

— M. Godineau ?... n'est-ce pas lui qui a manqué un bon mariage parce que...

— Justement, c'est celui-là !

— Ah ! par Vénus, il faut nous amuser un peu... il faut rire aux dépens de ce monsieur !... D'ailleurs, je lui en veux, je lui avais offert du punch... un soir que j'avais eu une querelle... pour une valse, il m'a refusé en me disant que j'étais en trop mauvaise société !... Qu'est-il donc, lui, pour faire tant d'embarras ?

— Rien du tout... soi-disant courtier de marchandises... mais réellement flâneur, blagueur et pas autre chose !

Ces messieurs dirigent leurs pas de manière à se trouver en face de Dorcelle et de sa dame. En apercevant Polydore, celle-ci n'est pas maîtresse d'un mouvement d'impatience et elle dit tout bas à son cavalier :

— Encore cet imbécile ! Quel ennui ! On ne peut donc pas venir ici sans l'y rencontrer.

— Rassurez-vous, répond Dorcelle, nous nous en débarrasserons bien vite.

Le beau gandin s'est arrêté et s'incline devant le couple, en s'écriant :

— Eh ! bonsoir, cher ami, enchanté de te rencontrer, et de voir madame à ton bras... cela me prouve que tu as eu de ses nouvelles... Ah ! farceur ! Figurez-vous, belle dame, que l'autre soir, ici, Dorcelle avait l'air très-inquiet de vous... et nous demandait si nous vous avions vue !... Ah ! ah !... j'ai trouvé cela un peu fort !...

— Et que trouvez-vous donc là-dedans de si extraordinaire, monsieur ? répond la belle danseuse d'un ton fort sec. Probablement qu'à cette époque, M. Dorcelle ne m'avait pas vue depuis longtemps... mais il y a des gens qui s'étonnent de tout !

Tout interloqué par la manière dont cette dame vient de lui répondre, Polydore juge convenable de changer la conversation et dit à Dorcelle :

— Est-ce que tu as encore amené ici, ce soir, le marquis Abelino ?

— Non, d'abord c'eût été difficile, le marquis n'est pas à Paris ; il est reparti hier presque sans s'arrêter à Paris.

La belle blonde a porté son mouchoir sur son visage pour cacher le trouble qu'elle vient d'éprouver, Dorcelle répond :

— Pourquoi me demandais-tu cela ?

— C'est que, tout à l'heure, en entrant dans ce jardin,

j'avais cru reconnaître le marquis dans un monsieur qui en sortait très-précipitamment.

— Tu t'es trompé.... Est-ce que vous avez mal aux dents, chère amie ?

— Oui... oui... une douleur violente qui vient de me prendre...

— Voulez-vous que nous entrions au café demander quelque chose ?...

— Non... c'est inutile... cela se passera...

Pendant que cette conversation avait lieu, le petit Détraque s'était approché de Godineau, l'avait salué d'un air moqueur, puis s'était mis à fredonner à son oreille :

Le vent qui souffle à travers la montagne,
M'a rendu fou ! m'a rendu fou !

Godineau regarde le petit monsieur en souriant :

— Ah ! vous voilà, jeune Détraque... le Pylade d'Oreste de Nanterre... Eh bien ! valsez-vous, ce soir ?

— Non, je ne valse pas, j'aime mieux chanter...

Le vent qui souffle à travers la montagne...

— En effet, quand on a une voix aussi mélodieuse que la vôtre, on a raison de se faire entendre !...

— N'est-ce pas ? *Le vent qui souffle à travers la montagne !*...

— Ha ça ! mais, vous ne savez donc que cela ? Vous n'avez donc dans la bouche que votre vent qui souffle ?

— Ah ! ah ! ah ! il me semble qu'il vaut mieux l'avoir dans la bouche qu'ailleurs... surtout au moment d'une cérémonie... matrimoniale !

Détraque vient à peine d'achever sa phrase qu'il reçoit de Godineau un soufflet qui lui fait faire une pirouette, qu'il termine sur la crinoline d'une dame. Le petit homme se met à hurler :

— Au secours!... à la garde!... On m'a frappé... c'est indigne... arrêtez cet homme-là... empêchez-le de s'enfuir...A moi, de Nanterre, à moi !...

La foule s'amasse autour de Détraque qui continue de crier et d'appeler son ami de Nanterre, qui s'éloigne au lieu d'aller à son aide. Godineau dit à ceux qui l'entourent :

— J'ai souffleté monsieur, parce qu'il m'avait insulté, j'en avais le droit! S'il veut une réparation, je suis prêt à la lui donner.

— Non, messieurs, ne le croyez pas... je ne l'avais pas insulté... Je chantais : le *vent qui souffle à travers la montagne*... Est-ce qu'il n'est pas permis à tout le monde de chanter cela?... Ce n'est pas une chanson prohibée! Monsieur y a vu une allusion... une personnalité... je m'en défends.

Toutes les personnes qui entourent Détraque se mettent à rire et Godineau finit par en faire autant ; ce qui achève d'exaspérer le petit homme, qui appelle toujours son ami de Nanterre. Au moment du soufflet donné, Dorcelle avait vivement quitté le bras de sa dame pour savoir ce qui arrivait à Godineau; lorsqu'il voit l'affaire se terminer par des éclats de rire, il revient vers l'endroit où il avait laissé Augustina et son amie, mais il ne les y trouve plus. Il parcourt le jardin, cherche dans les bosquets, entre dans le café, mais inutilement, les deux amies n'y sont plus.

— Eh bien ! vous êtes seul ? dit Godineau en apercevant Dorcelle.

— Oui, c'est votre diable de soufflet qui m'a fait perdre mes dames ! Mais Augustina se plaignait d'un violent mal de dents, elle sera partie... Ce qui me contrarie, c'est que nous n'avons pas pris un rendez-vous pour nous revoir... Ah ! elle m'écrira probablement demain !... Et Détraque... se bat-il avec vous ?

— Oh ! je ne pense pas qu'il en ait le désir !... il est parti comme un furieux, en appelant toujours son ami de Nanterre, qui n'a point paru. Allons boire du punch, voulez-vous ?

— Volontiers ! Mais cette Augustina ! partir sans même me dire adieu !... Ce n'est pas gentil, cela !

— Est-ce qu'on est gentil quand on a mal aux dents ?

15

XXI

UNE FEMME MORTE ET VIVANTE

Fidelia (car maintenant que nous savons à qui nous avons affaire, nous ne la nommerons plus autrement). Fidelia, en entendant le jeune Polydore dire qu'il avait cru voir le marquis Abelino dans le bal, avait éprouvé un sentiment de terreur, qu'elle avait caché à son amant, en feignant de souffrir. Mais, quoique persuadée que le beau gandin s'était trompé, son seul désir dès ce moment avait été de quitter le jardin Mabille. Dorcelle, en lui lâchant le bras pour aller savoir ce qui arrivait à Godineau lui en avait fourni l'occasion; elle avait couru vers Nancy et l'avait entraînée en murmurant :

— Partons vite, je ne veux pas rester ici un instant de plus.

Bientôt un fiacre les avait ramenées rue des Petites-Écuries, et là, tout en reprenant son premier costume, Fidélia s'écriait :

— Mon Dieu! si en effet le marquis était revenu, s'il m'avait vue et reconnue dansant à Mabille!... Ah! ma chère Nancy, quelle serait sa colère... et pourtant, il ne connaîtrait encore qu'une partie de mes torts!

— Pourquoi vous effrayer ainsi, ma bonne amie? Ce jeune homme s'est trompé... Puisque votre mari est reparti pour l'Espagne, il ne pouvait pas être dans ce jardin...

— Oui, il est reparti... à ce qu'il a annoncé... mais ce départ a été bien subit... En arrivant, il ne m'avait pas dit qu'il lui fallait me quitter de nouveau et si promptement... Puis, quand il est revenu à l'hôtel, il m'a fait annoncer son départ et n'est pas venu lui-même me dire adieu...

— Puisqu'il était si pressé...

— Non, non, tout cela n'était pas naturel ! J'ai été bien imprudente d'aller ce soir à ce bal... Ah! je ne sais, mais je prévois un malheur!...

— Vous vous alarmez à tort; et lors même que M. le marquis aurait été ce soir chez Mabille, il ne vous aurait pas reconnue, déguisée comme vous l'êtes : vous voyez bien que Dorcelle n'a jamais eu le moindre soupçon de la vérité?

— Nancy, un mari jaloux a d'autres yeux qu'un amant heureux !

— Ce pauvre jeune homme! vous êtes partie sans lui rien dire...

— Je lui écrirai, c'est-à-dire, tu lui écriras demain pour moi, comme nous avons toujours fait... Car si j'ai été imprudente, du moins ce n'est pas en écrivant... puisque tu étais mon secrétaire.

— Et que faut-il écrire demain à Dorcelle?

— Je te le dirai plus tard... ce soir, je suis trop préoccupée ; il me tarde d'être rentrée. Adieu, je viendrai te voir demain.

La marquise est partie. En arrivant à son hôtel, il lui semble apercevoir de la lumière dans les appartements de son mari. Elle s'arrête devant le concierge en balbutiant :

— Qui donc est chez M. le marquis... les pièces sont éclairées?...

— Madame, c'est M. le marquis lui-même qui est revenu dans la soirée.

Fidélia frémit, son cœur se serre ; elle se rend précipitamment chez elle et y trouve sa femme de chambre en train de faire des malles, de placer des chapeaux dans des cartons....

— Mon mari est de retour? murmure la marquise en se laissant tomber sur un divan.

— Oui, madame...

— Mais que faites-vous donc là... que signifient ces apprêts de voyage?... Ce sont mes robes, mes bonnets, mes chapeaux que vous emballez!...

— Oui, madame, c'est d'après les ordres de M. le marquis.

— D'après ses ordres ! Vous avez donc vu mon mari ? voyons, parlez, expliquez-vous...

— Madame, M. le marquis m'a fait appeler et voici ce qu'il m'a dit : « Nous partons demain matin, madame la marquise et moi, pour un grand et long voyage... occupez-vous donc sur-le-champ d'emballer toutes les affaires de votre maîtresse... Toutes ! n'oubliez rien. » Alors j'ai demandé à monsieur si je ne devais pas aussi faire mes paquets à moi, mais il m'a répondu : « C'est inutile, nous n'emmenons personne !... aucun domestique ne nous accompagnera... »

— C'est bien singulier ! se dit Fidélia ; mais enfin, puisqu'il m'emmène voyager avec lui, c'est qu'il n'est pas irrité contre moi... Je m'alarmais à tort... Allons le trouver, il m'expliquera le motif de ce départ subit.

La marquise se lève et se dispose à se rendre près de son mari, mais alors sa femme de chambre se jette au-devant d'elle en lui disant :

— Est-ce que madame veut se rendre chez monsieur ?

— Sans doute... Pourquoi me faites-vous cette question ?

— C'est que M. le marquis s'est enfermé dans son appartement en disant : « J'ai à travailler, que personne ne se présente pour me parler. Dites à madame qu'il m'est impossible de la recevoir ; mais qu'elle se tienne prête à partir demain, à neuf heures du matin. »

— Comment... il ne peut pas... me recevoir !

— Dame! je répète les propres paroles de monsieur... Mais si madame veut y aller tout de même, elle en a le droit!

La marquise retourne s'asseoir en murmurant :

— Non... non... je respecterai les désirs de M. le marquis ; il est sans doute enfoncé dans un travail important... je n'irai pas le déranger.

La femme de chambre continue de faire des malles en disant :

— C'est égal, je suis bien contrariée, moi, de ne pas accompagner madame, d'autant plus qu'elle va probablement faire un très-long voyage, puisque monsieur veut que j'emballe tout ce qui appartient à madame... Tout... même son linge!...

— Il vous a dit d'emballer tout ?

— Oui, madame, monsieur a dit : « Madame sera bien aise d'avoir avec elle tous ses effets. »

— C'est singulier... Ah! c'est que, comme vous le disiez... ce sera sans doute un long voyage.

Et la marquise, appuyant sa tête dans une de ses mains, reste plongée dans ses réflexions.

Le lendemain, à neuf heures, Fidélia qui n'a pas fermé l'œil de la nuit, attend que son mari vienne la prendre pour partir. Déjà plusieurs fois dans la matinée elle a fait demander à le voir, mais on lui a répondu que M. le marquis était sorti, et cette persistance qu'il semble mettre à éviter sa présence ne fait que redoubler les inquiétudes et la terreur de Fidélia. Quelques minutes après l'heure qu'on lui a indiquée pour se tenir prête à partir, le valet de chambre paraît devant la marquise et lui dit :

— Quand madame voudra, la voiture est prête, elle attend...

— La voiture... M. le marquis est donc en bas ?

— Monsieur est parti devant, madame le rejoindra bientôt.

— Et mes malles, mes cartons ?

— Tout cela, madame, est déjà au chemin de fer depuis longtemps...

— Et quel chemin de fer dois-je prendre ?

— Celui de Lyon, madame. Je dois y accompagner madame, je vais monter derrière la voiture...

— C'est donc à Lyon que nous allons ?

— Non, madame, c'est à Marseille, d'où M. le marquis doit s'embarquer avec madame pour se rendre en Italie.

— Eh bien ! partons.

Fidélia était résolue à obéir à tout ce que son mari exigerait d'elle. Elle se sentait coupable, elle prévoyait un châtiment; mais elle n'était point femme à chercher à s'y soustraire. Elle dit adieu à sa camériste; celle-ci verse des larmes en voyant partir sa maîtresse, et murmure :

— J'ai bien peur que madame ne soit absente bien longtemps !...

— Je le crains aussi ! répond la marquise en souriant tristement.

La voiture du marquis conduit Fidélia à la gare du chemin de fer. Là, le domestique apprend à sa maîtresse qu'un wagon de première classe est retenu pour elle et va, par un train express, la conduire à Marseille.

— Et là, trouverai-je enfin M. le marquis?

— Oui, madame, répond le valet de chambre en s'inclinant.

Fidélia n'en demande pas davantage, elle monte dans le wagon qu'on lui indique. Elle y est seule; mais elle espère encore que son mari viendra y prendre place près d'elle; son attente est trompée : le signal du départ est donné, le wagon fend l'air, et la belle marquise n'a aucun compagnon de voyage.

Le temps passe vite pour une personne fortement préoccupée, et Fidélia avait bien des motifs pour l'être. Elle est arrivée à Marseille, lorsqu'elle croyait n'avoir fait encore que la moitié du chemin.

En descendant de wagon, la marquise est fort surprise de voir encore le valet de chambre de son mari qui se présente pour lui donner la main.

— Vous m'avez donc suivie? lui dit-elle.

— C'était l'ordre de M. le marquis.

— Et maintenant?

— Maintenant je dois conduire madame dans un hôtel, où elle voudra bien attendre que M. le marquis se soit arrangé avec quelque bâtiment en partance pour l'Italie; comme il y en a presque toujours dans le port, madame n'attendra probablement que quelques heures.

— Il suffit. Conduisez-moi.

Le domestique conduit sa maîtresse dans un des plus beaux hôtels de Marseille. Là, il la quitte en lui disant qu'il va prendre les ordres de son maître. Fidélia, restée seule, cherche en vain à prendre du repos : le sommeil fuit ses paupières et à chaque instant cette pensée la poursuit :

— Saurait-il tout, mon Dieu !...

Après six heures passées à l'hôtel, la marquise voit arriver le valet de son mari ; il salue respectueusement sa maîtresse en lui disant :

— Le bâtiment va partir, on n'attend plus que madame. Le bagage de madame est déjà sur le paquebot.

Fidélia ne répond pas un mot. Elle se lève et suit le domestique. Ils sont bientôt arrivés au port. Là, un matelot vient à eux, il montre une chaloupe qui est encore amarrée au rivage, et dit :

— J'attendais madame... c'est moi qui vais avoir l'honneur de la conduire au petit bâtiment qui est là-bas...

Alors le valet de chambre du marquis s'incline devant Fidélia en murmurant :

— J'ai l'honneur de souhaiter un bon voyage à madame la marquise.

— Vous ne venez donc pas plus loin ?

— Non, madame, je vais retourner à Paris.

— Mais enfin... serai-je donc seule sur ce navire... sans personne pour m'apprendre où je dois me rendre ?... Et mon mari, où dois-je le retrouver enfin ?

— Je puis certifier à madame la marquise que M. le marquis est sur le bâtiment vers lequel la chaloupe va conduire madame...

— Vous en êtes bien certain ?

— Oui, madame, j'ai vu monsieur y aborder.

— C'est bien.

Fidélia suit le matelot, saute dans la chaloupe et bientôt grimpe lestement sur le bâtiment; il était facile de voir que ce n'était pas la première fois qu'elle voyageai sur mer.

Le capitaine du bâtiment reçoit la marquise avec de grandes marques de respect et force politesses en lui annonçant qu'une chambre est préparée pour elle. Mais la jeune femme cherche toujours des yeux son mari, qu'elle n'aperçoit pas. Elle se décide enfin à questionner le maître de l'équipage :

— Monsieur, est-ce que mon mari, le marquis Abelino, n'est pas sur le bâtiment ?

— Pardonnez-moi, madame, mais M. le marquis est malade... la mer ne lui vaut rien, à ce qu'il paraît; il s'est enfermé dans sa cabine et m'a chargé de prier madame de ne point s'occuper de lui pendant la traversée.

— Il paraît que ce sera ici comme pendant tout le voyage, se dit Fidélia; puis, s'adressant au capitaine :

— Monsieur, veuillez me faire conduire à cette chambre préparée pour moi... Vous m'y ferez servir ce dont j'aurai besoin, car je compte aussi ne point en sortir avant de toucher les côtes de l'Italie... Nous allons à Gênes, sans doute?

— Plus loin, madame; je dois vous mener jusqu'auprès de Naples.

Le capitaine s'empresse de conduire lui-même sa passagère; il lui ouvre ce que, sur ces légers bâtiments, on appelle une chambre, en lui disant qu'on sera à ses ordres au moindre coup de sonnette qu'elle tirera.

Fidélia se jette sur son hamac en se disant encore :

— Puisqu'il ne veut pas me voir, je ne chercherai point par ma présence à l'empêcher de se rendre sur le pont. Je ne bougerai plus d'ici... la traversée n'est pas longue... et une fois en Italie, je saurai peut-être ce qu'il compte faire de moi. Ah! Nancy! Nancy! c'est toi qui m'as perdue!... Quand je t'ai retrouvée à Paris, j'aurais dû te fuir! au lieu de cela, je me suis laissée aller au plaisir de revoir une ancienne amie... une camarade de pension... Puis j'ai cédé à tes conseils... à cette passion que j'avais conservée pour la danse... « Ton mari s'absente souvent, me disais-tu; qui t'empêche de goûter un peu ces plaisirs qu'on te refuse?... Toi, qui sais si bien te changer, te déguiser... personne ne te reconnaîtra, et la hardiesse de cette action empêchera même jusqu'au moindre soupçon. » Ah! il m'a bien reconnue, lui!

On fait en peu de jours ce beau et limpide trajet qui sépare Marseille des rivages de l'Italie. Le frêle esquif qui portait la marquise a cessé de voguer. Elle regarde par une fenêtre de sa chambre, elle voit mettre la chaloupe en mer, puis elle reconnaît son mari parmi les personnes qui se rendent à terre; elle frémit, le cœur lui manque; mais bientôt, rappelant son courage, elle monte sur le pont et dit au capitaine :

— Mon mari a quitté ce bâtiment; et moi, monsieur, est-ce que vous comptez m'y garder?

— Non, madame, répond le capitaine en souriant, je n'aurai pas ce bonheur; mais M. le marquis est allé s'assurer d'un voiturin; il y fera mettre vos bagages, afin qu'en prenant terre vous n'ayez plus qu'à monter en voiture ; tout cela ne sera pas long, et avant une heure il doit vous envoyer chercher.

Fidélia ne réplique rien ; elle attend et reste sur le pont, les yeux fixés sur ce rivage où son mari vient d'aborder. Une heure s'est à peine écoulée lorsqu'elle voit venir la chaloupe, dans laquelle sont seulement deux matelots. Le capitaine vient la chercher, il l'aide à entrer dans le bateau, puis lui fait ses adieux.

Fidélia regarde toujours le rivage, mais elle n'y aperçoit pas son mari ; enfin elle touche la terre d'Italie, elle a sauté lestement sur le rivage sans attendre qu'un matelot lui donne la main. A peine est-elle à terre qu'une espèce de conducteur de voiturin s'approche d'elle le chapeau bas, en disant :

— Ma berline attend madame à deux cents pas d'ici... les malles sont déjà dessus... si madame veut venir?...

— Est-ce qu'il n'y a pas un monsieur qui m'attend dans votre voiture ?

— Non, madame ; le signor qui m'a loué et payé est parti à cheval en avant... Je lui ai loué aussi un cheval.

— Et où avez-vous ordre de me conduire?

— A Terracine, madame.

— Marchez, je vous suis.

La marquise monte dans une espèce de berline de voyage à laquelle sont attelés deux assez mauvais chevaux, auxquels ne manquent ni les rubans ni les grelots ; le conducteur parvient cependant à faire marcher tout ce'a, et la jeune femme, bien cahotée, bien fatiguée, arrive à Terracine. La voiture s'est arrêtée devant la meilleure hôtellerie de l'endroit. Dès qu'ils l'ont vue entrer dans la cour, les valets se sont empressés de venir prendre les malles, les cartons, et l'aubergiste, son bonnet à la main, salue profondément la voyageuse, en lui disant :

— J'ai préparé ma plus belle chambre pour madame, si elle daigne me suivre...

Fidélia ne répond que par un signe de tête ; elle suit l'aubergiste, qui la conduit au premier étage, lui ouvre une chambre comme on en trouve dans les hôtelleries d'Italie, et s'éloigne à reculons en disant :

— Dès que madame désirera quelque chose, on sera à ses ordres.

La marquise se jette sur une chaise, regarde autour d'elle et murmure :

— Tout ceci doit avoir une fin ; il faudra bien que le marquis se décide à se montrer !...

Elle avait à peine fait cette réflexion que la porte s'ouvrait de nouveau et le marquis entrait dans la chambre, dont il refermait avec soin la porte sur lui.

Abelino est très-pâle, son front est sombre, son regard voilé ; il reste debout devant la marquise, qui, à son aspect, a senti tout son courage l'abandonner ; elle balbutie d'une voix tremblante :

— Enfin... vous voilà, monsieur !... Où donc étiez-vous?...je ne vous ai pas aperçu pendant tout ce voyage....

— J'étais près de vous, madame, je ne vous perdais pas de vue... mais je ne voulais pas être avec vous...

— Ma présence vous est donc devenue bien insupportable, monsieur? Qu'ai-je fait pour que vous me traitiez ainsi?

— Vous me demandez ce que vous avez fait !... Vous me le demandez !... Eh bien ! je vais vous le dire, madame, et en même temps je vous rappellerai ce que j'ai fait pour vous, moi, car tout se tient... tout s'enchaîne... et votre conduite aujourd'hui est la juste punition de la sottise que j'ai faite en vous épousant !...

— Monsieur...

— Taisez-vous! vous n'avez plus le droit d'élever la voix... Écoutez-moi bien ; car cet entretien est le dernier que j'aurai avec vous.

Fidélia se sent frémir de terreur; les regards de son mari sont devenus terribles, elle ne peut les supporter et baisse les siens vers la terre pendant qu'il lui parle.

— C'est à Venise que je vous ai vue pour la première fois, madame, peu de jours après que M. Dorcelle en était parti. Vous débutiez au théâtre comme chanteuse et danseuse, car vous réunissiez ces deux talents; votre voix de contralto avait beaucoup de charme, votre danse était originale et gracieuse... Je devins vivement épris de la Bambinella, c'est le nom que vous aviez pris pour débuter. Je me rendis près de vous; je tentai de vous attendrir par des bouquets et des présents; vous me receviez d'une façon fort aimable, mais vous ne me cédiez pas : cette résistance ne faisait qu'accroître ma passion, elle devint du délire. « Que faut-il donc faire pour vous obtenir? » vous dis-je à vos genoux, et vous me répondîtes: « M'épouser! je ne me donnerai qu'à mon mari. » Mais, repris-je, je suis noble, marquis, je vis dans le grand monde; si je vous élevais jusqu'à moi, songez bien qu'il vous faudrait renoncer au théâtre, à cette danse qui vous attire tant d'admirateurs, enfin à tout ce qui pourrait rappeler ce que vous avez été! — J'y renoncerais, me disiez-vous; si vous me faisiez marquise, vous n'auriez pas à rougir de moi... je saurais tenir mon rang, car j'ai reçu de l'éducation; enfin, je romprais entièrement avec mon passé, et dans ma tournure, dans ma coiffure, rien ne rappellerait la Bambinella... » M'avez-vous dit cela, madame?

— Oui, monsieur... je me le rappelle parfaitement.

— J'ai eu foi dans vos promesses... je vous ai épousée, je vous ai donné mon nom... confié mon honneur... Ah! pauvre sot que j'étais! j'ai cru aux paroles d'une femme!...

— Monsieur... j'ai été bien imprudente, c'est vrai... une ancienne amie, que j'ai retrouvée à Paris... m'a entraînée; cette passion pour la danse qui sommeillait au fond de mon cœur, mais que je n'avais pu vaincre entièrement, m'a fait oublier le rang où vous m'aviez élevée; mais je me déguisais si bien, je changeais tellement ma voix, l'expression de mes yeux... ma tournure... Nancy m'avait assuré que j'étais méconnaissable!...

— En effet, madame, vous étiez méconnaissable, j'en conviens, et moi-même je ne vous aurais pas reconnue, si, avant de me rendre dans ce jardin, je n'avais pas su d'avance que c'était vous... vous!... la marquise Abelino, qui étiez là sous le nom d'Augustina.

Fidélia sent son cœur se glacer, elle balbutie :

— Vous le saviez d'avance, monsieur, par qui donc?... Je ne comprends pas...

— Sous votre costume de danseuse... vous avez fait à ce bal la conquête d'Adrien Dorcelle... il a eu un duel pour vous. Tout le monde a su cela, on en a parlé dans notre salon...

— Je le sais, monsieur, je me le rappelle... mais Dorcelle n'avait pas plus que les autres le moindre soupçon de ce que j'étais réellement!

— Je le sais aussi... Ah! bien heureusement pour lui... s'il savait la vérité, maintenant il n'existerait plus; car ce jeune homme est votre amant...

— Ah! monsieur... cela n'est pas... on vous a trompé... je vous jure!...

— Taisez-vous, malheureuse, et n'ajoutez pas le mensonge à toutes vos perfidies... C'est en vain que vous nieriez, les femmes les plus fortes en trahison ne pensent jamais à tout! Ce Dorcelle était mon ami, il me contait ses bonnes fortunes, ses conquêtes, il me parlait de cette belle danseuse de Mabille qu'il poursuivait... Rien de plus simple, puisqu'il ne se doutait pas qu'il adressait ses confidences au mari de cette femme... et moi je l'écoutais en riant... j'étais dupe... et bien plus que lui! Il me montra les lettres que lui écrivait son Augustina... mais vous aviez le soin de ne point les écrire vous-même... Enfin, je fus le premier à savoir qu'il avait tout obtenu!...

— Il a menti!...

— Non, misérable que vous êtes! il n'a pas menti, car, dans l'ivresse de son secret, il m'a parlé d'un certain signe... d'une grappe de groseille dont vous êtes ornée, et qui ne peut être vue que par un mari ou un amant

Fidélia pousse un cri et perd connaissance. Le marquis se promène dans la chambre, jetant de temps à autre un regard de mépris sur cette femme évanouie; puis, apercevant sur un meuble une carafe pleine d'eau, il lui en jette sur le visage. La marquise revient à elle, son premier mouvement est de tomber aux genoux de son mari.

Le marquis la relève, en lui disant froidement :

— Point de pleurs, de comédie, de supplications inutiles; écoutez ce que j'ai décidé, arrêté, et ce qui sera. Dès ce moment vous n'êtes plus marquise Abelino, vous redevenez et vous restez à jamais Augustina la danseuse; vous en reprendrez le costume, les cheveux, toutes les allures. Songez-y bien, madame; il y va non-seulement de votre vie, mais de celle de ce jeune Dorcelle, qui ne se doute pas qu'il m'a offensé, mais que je serais forcé de tuer s'il le savait ! Dans quelques semaines, je ferai savoir à Paris que la marquise Abelino est morte dans quelque misérable village de l'Italie, atteinte subitement d'une fièvre noire. Personne n'aura de motif pour en douter, et je reviendrai veuf chez moi. Vous m'avez bien entendu, madame : ma femme n'existe plus... dès ce moment vous redevenez Augustina la blonde... et, à la moindre indiscrétion, la mort pour lui et pour vous ! car je ne pourrais laisser vivre pour le monde celle qui m'a déshonoré et celui qui saurait l'affront qu'il m'a fait !

— Oh! je me tairai, monsieur, je me tairai... Je sens

bien qu'en effet je ne suis plus digne de porter votre nom.

— Je vous laisse vos diamants, vos bijoux... tout ce que vous possédiez. De plus, voilà un portefeuille qui renferme cent mille francs, il est pour vous...

— Ah! monsieur... gardez, gardez !... je ne mérite pas..

— Croyez-vous donc, madame, que c'est pour vous que je fais cela ! Non, c'est pour moi : je ne veux pas que celle qui a porté mon nom tombe dans la misère et l'avilissement. Et je vous ordonne de prendre ce portefeuille... Adieu, Augustina la blonde !... Oh ! vous pourrez tout à votre aise danser maintenant.

Le marquis est parti après avoir dit ces mots, et Fidélia est demeurée comme anéantie.

XXII

QUELQUE TEMPS APRÈS

Après la dernière soirée passée au bal Mabille, où la belle Augustina avait subitement disparu, sans lui dire adieu, Dorcelle avait cru que le lendemain il recevrait une lettre de sa maîtresse ; mais le lendemain et les jours suivants s'étaient écoulés sans lui apporter aucune nouvelle d'Augustina.

Le jeune homme avait pris assez vite son parti ; sa passion satisfaite s'était considérablement refroidie, et ce qui devait surtout faire du tort à cet amour, c'est qu'un autre venait de naître dans le cœur inconstant de Dorcelle. Une jeune Anglaise, dont il avait fait la connaissance au spectacle, venait alors de lui tourner la tête ; si bien que n'ayant encore obtenu d'elle que des espérances, il s'était décidé à la suivre en Angleterre, où il espérait être plus heureux.

Ce nouvel amour l'avait retenu trois mois en Angleterre, puis il était revenu à Paris, ne voulant plus soupirer pour des Anglaises ; la première personne qu'il rencontre sur le boulevard des Italiens est le beau Polydore, qui passait là des heures à montrer sa personne et ses toilettes.

Le jeune gandin aborde Dorcelle en s'écriant :

— Ah ! te voilà donc ! Où diable étais-tu caché depuis trois mois qu'on ne t'a aperçu nulle part ?

— Je n'étais pas du tout caché, j'étais en Angleterre.

— Tiens, cette idée !

— C'est une idée fort naturelle, surtout lorsqu'on est amoureux d'une Anglaise...

— Ah ! séducteur... il te faut aussi des Anglaises!

— Pourquoi pas? quand elles sont jolies.

— A propos, là-bas, as-tu appris la nouvelle ?

— Quelle nouvelle?

— Cette pauvre marquise si belle, si jeune encore....

— Que lui est-il donc arrivé ?

— Elle est morte, mon cher, morte en Italie, où son mari l'avait emmenée...

— Morte ! la femme d'Abelino !... Mais cela n'est pas possible !...

— Il faut bien que ce soit possible, puisque cela est!...

— Et par qui a-t-on su cette nouvelle?

— Par le marquis lui-même, qui l'a écrite à quelques-uns de mes amis... Une fièvre maligne... une espèce de choléra, à ce qu'il paraît... La pauvre dame a été enlevée en deux jours...

— Oh ! mais c'est affreux cela... Pauvre Abelino ! quelle doit être sa douleur... Est-il ici ?

— Non, il n'est pas encore revenu en France depuis qu'il a perdu sa femme ; il voyage sans doute pour se distraire... Et dire qu'il y a une personne qui s'est réjouie en apprenant ce triste événement !...

— Une personne... Oh ! ce doit être la baronne de Bréville, car elle détestait la marquise !...

— Justement !... Quand la baronne m'a vu fort affligé, en apprenant cette mort, elle s'est écriée : « Que vous êtes bête !... cela devait finir comme cela! cette femme est arrivée on ne sait d'où, elle part on ne sait comment... c'est dans l'ordre ! et rien ne m'ôtera de l'idée que cette Fidélia n'était pas à sa place dans nos salons. »

— Ainsi la haine d'une femme poursuit celle qu'elle déteste jusqu'au-delà du tombeau !...

— Et ta belle conquête de Mabille, la blonde Augustina, qu'en fais-tu ? la vois-tu toujours ?

— Je ne pouvais pas la voir pendant que j'étais en Angleterre, et quand je suis parti nous étions un peu en froid... C'est à toi, cette fois, à me donner de ses nouvelles.

— A moi? mais je ne l'ai pas aperçue depuis cette soirée où ce brutal de Godineau a donné un soufflet à Détraque... Pauvre Détraque, il en a fait une maladie... une fluxion qui s'est tournée en érysipèle.

— Je te parlais d'Augustina... ainsi, tu ne l'as pas vue... à quelque bal ?

— D'abord, mon cher, nous sommes en plein hiver, et il n'y a plus de jardins où l'on danse...

— Il y a le *Casino*, où se rendent assez ordinairement les dames habituées de Mabille. Est-ce que tu n'y vas pas quelquefois, toi, au *Casino?*

— Moi, je n'en sors pas... on m'y trouve tous les jours de bal ou de concert; mais je n'y ai jamais aperçu ta belle...

— Probablement son tyran ne lui laisse plus de liberté. Adieu, Polydore, je vais aller voir Godineau, il doit être marié maintenant... Te l'a-t-il fait savoir?

— Godineau, est-ce que je le fréquente! Fi donc, il a trop mauvais genre! Je ne sais pas s'il est marié... mais je ne crois pas... ça l'aurait un peu remplumé, et il a toujours l'air aussi râpé...

— Mais le mariage était à peu près conclu, décidé, et en se mariant Godineau devait entrer en possession d'une fort bonne place... Je vais m'informer de cela.

— Bien du plaisir... Moi, je vais rejoindre Détraque, et je ne lui parlerai pas de Godineau, parce que son nom seul lui donne la colique.

Dorcelle se rend à la demeure de Godineau, tout en se disant que, s'il est marié, il est bien à présumer qu'il n'occupe plus son petit appartement de garçon; il doit avoir donné sa nouvelle adresse au père Moussard, son concierge, et celui-ci lui apprendra où loge maintenant le nouveau marié.

L'ancien soldat était, suivant sa louable habitude, en

train de balayer sa cour ; il se met au port d'armes avec son balai en voyant Dorcelle venir à lui et s'écrie :

— Est-ce que monsieur aurait encore un duel et besoin d'un témoin ?... Me voici, présent !

— Non, père Moussard, Dieu merci, je n'ai point de duel ! je viens tout simplement vous demander où demeure maintenant Godineau ?

— M. Godineau ?... Toujours au même étage, même carré, même porte, monsieur.

— Comment ! il n'a pas quitté son petit logement de garçon ?...

— Et pourquoi donc qu'il l'aurait quitté, monsieur, est-ce qu'il n'est pas très-bien ? C'est mon épouse qui fait son ménage ; c'est tenu aux oiseaux !

— Mais, je pensais qu'en se mariant il aurait pris un logement plus grand... Il n'y a pas seulement un cabinet de toilette pour sa femme !

— Sa femme ?... Mais M. Godineau n'a point de femme avec lui.

— Quoi ?... il n'est pas encore marié ?

— Je n'en ai point connaissance. Je ne sais pas si M. Godineau est marié dehors, mais je puis vous assurer qu'il ne l'est pas chez lui. Au reste, monsieur peut le lui demander à lui-même...

— Est-ce qu'il est chez lui ?

— Oui, monsieur, il n'a pas encore mis le nez dehors.

Dorcelle monte vivement les cinq étages, la clef est sur la porte : il entre et trouve Godineau ayant sur ses épaules sa couverture de laine en guise de manteau et en train de recoudre un bouton à son gilet. En apercevant Dorcelle, le courtier marron jette de côté gilet, aiguille, fil, et pousse un cri de joie :

— Le voilà, ce cher ami, il est de retour enfin... *Achille* sans *Patrocle* passait de tristes jours!...

— Bonjour, mon cher Godineau; oui, me voilà revenu d'Angleterre...

— Vous avez mangé du vrai plum-puding, là?

— On en mange d'aussi bon à Paris... Mais cette petite femme, un peu grêlée... cette sensible Aglaure, qu'en avez-vous donc fait?... Car vous devriez être marié, depuis plus de trois mois que je suis parti !...

Godineau se drape dans sa couverture de laine et se promène gravement dans sa chambre en murmurant :

— Non... non, mon ami, je ne suis pas marié... cela ne s'est pas fait!

— Ah bah! mais c'était une affaire arrangée... Vous étiez d'accord... Qui donc a changé d'idée?

— Moi!

— Vous, Godineau, vous me surprenez; ce mariage vous faisait avoir une bonne place...

— Ah! oui, parlons-en! c'est justement à cause de la place que j'ai rompu!...

— Quoi?.. une place où, m'avez-vous dit, on n'avait qu'à se promener!

— Certainement... on ne faisait que ça... mais quelle promenade!... Commissaire des morts, cher ami... on conduisait les défunts au cimetière... Ah! ma foi, cela ne m'a pas tenté!... Je respecte, j'honore ceux qui ont le courage de remplir ce triste emploi, mais, moi, je ne l'ai pas!... J'aime encore mieux recoudre moi-même mes boutons... J'ai envoyé paître le parrain et sa place à promenades, j'ai rompu avec ma future et tous les Requin possibles... et je me suis réfugié dans ma couverture, je préfère cela à enterrer mes contemporains... Ah! ça vous fait rire?...

— Ma foi, oui... Ah! ah! ah!... ce pauvre Godineau... commissaire des morts!... Non... franchement, cela ne pouvait pas vous aller!

— Et puis, je ne regrette pas la demoiselle... d'abord elle était trop grêlée... ce n'est pas agréable d'embrasser une écumoire... ensuite, cette odeur de rance... et ça ne venait pas de la pommade, c'était le fumet de la personne...

— Je vois avec plaisir que tout est encore pour le mieux?

— D'ailleurs, madame Cabochon s'occupe toujours de moi; elle finira par me trouver mon affaire. Seulement, désormais, si on lui parle d'une place en perspective, je lui ai dit : « Sachez de quelle place il s'agit, n'y allez pas à l'aveuglette... »

— En attendant, mon cher Godineau, si vous avez besoin de ma bourse, ne vous gênez pas, vous savez qu'elle est à votre service.

— Merci, ami aussi rare... que le merle blanc!... Merci! grâce au ciel, j'ai fait quelques courtages depuis peu!... Maintenant, parlons de vous... les intrigues... les amourettes... ça va-t-il fort?

— Je reviens d'Angleterre, où j'ai été assez bien accueilli... mais, au total, il n'y a rien au-dessus des Françaises... et me voici. Croiriez-vous, Godineau, que je n'ai pas eu la moindre nouvelle d'Augustina depuis ce soir, à Mabille, où elle est partie sans me dire adieu, pendant que j'allais m'informer de votre querelle avec Détraque?

— La belle danseuse de Mabille... parbleu! vous m'y faites songer... je voulais vous en parler... Alors, c'est moi qui vais vous donner de ses nouvelles...

— Vous!... vous l'avez donc vue?

— Il y a deux jours, ce n'est pas plus vieux que cela, je passais dans la rue de la Pépinière... j'avais un gros négociant à voir par là. Deux dames marchaient devant moi... Tournure assez élégante... surtout la grande; je double le pas pour voir ses traits, et je reconnais... c'est-à-dire j'ai peine à reconnaître, tant elle est changée, cette femme si fraîche, si potelée, si enjouée que j'admirais à Mabille, votre Augustina enfin, qui est vieillie de dix ans!... mais c'était bien elle cependant, avec sa compagne ordinaire; celle-là n'est pas changée. J'ai salué ces dames, qui devaient bien me connaître. Elles m'ont vu assez souvent avec vous. Mais on a répondu à peine à mon salut, et d'un air si froid, si contraint, que j'avais envie de les inviter à danser pour leur faire voir que je les connaissais bien. Puis elles ont rétrogradé pour ne pas suivre le même chemin que moi. Oh! me suis-je dit, soyez tranquilles, mesdames, je n'ai nulle envie de courir après vous!

— Ce que vous me dites là m'étonne beaucoup... Augustina changée à ce point... elle a donc été bien malade !

— Il faut qu'elle ait été très-malade, elle est maigrie, pâlie. Ses yeux sont creux et cernés... Elle a perdu vingt-cinq pour cent!

— Et ne pas m'avoir donné de ses nouvelles...

— Justement, si elle a été très-malade, elle sait bien qu'elle est extrêmement changée, et les femmes qui ont été jolies ne veulent pas qu'on les voie autrement.

— Ah! je voudrais bien la rencontrer, moi!

Dorcelle a quitté Godineau, attristé par ce que celui-ci vient de lui dire sur Augustina; pendant plusieurs jours ce souvenir le préoccupe, et dans les rues, à la promenade, il examine avec attention chaque femme qu'il aperçoit. Mais il ne rencontre pas celle qu'il voudrait revoir...

Quelques semaines s'écoulent, il avait presque oublié son ancienne maîtresse, lorsqu'un matin, dans les Champs-Élysées, une femme qui venait de son côté s'arrête tout à coup en le voyant et rebrousse chemin pour ne point passer près de lui. Mais cette action a surpris Dorcelle; la taille, la tournure de cette femme le frappent; il court à elle, la rejoint, la regarde... c'est Augustina, bien changée, il est vrai, mais encore belle cependant.

— C'est vous... et vous m'évitiez!... Vous vous sauviez pour ne point me parler! s'écrie Dorcelle en voulant prendre une main que l'on retire brusquement.

— Oui, en effet, je venais de vous reconnaître et je cherchais à éviter votre rencontre.

— Qu'est-ce que cela signifie? Que vous ai-je donc fait...

— Ce que vous avez fait... Ah! le malheur de toute ma vie!... Et comme il ne doit plus y avoir rien de commun entre nous, je ne voulais pas vous parler...

— Vos paroles sont des énigmes! J'ai fait le malheur de votre vie?... C'est bien sans le vouloir alors!

— Oui... je le sais, c'est sans le vouloir... Mais ne me demandez pas d'explication que je ne puis vous donner. Adieu, monsieur, si le hasard vous fait encore me rencontrer, je vous en supplie, ne me parlez plus. Je vous le répète, notre liaison est finie!... Mais soyez persuadé que j'en conserverai un éternel souvenir.

En achevant ces mots, Augustina s'est éloignée précipitamment, et Dorcelle la laisse aller en se disant :

— Ah! ma foi, à son aise, après tout !... Godineau avait raison, elle est vieillie de dix ans.

En allant dans le monde, Dorcelle apprend un jour que le marquis Abelino est de retour à Paris; aussitôt il se rend à son hôtel.

— Pauvre ami, se dit-il, il doit être encore bien triste; hâtons-nous de nous rendre près de lui, il sera bien aise de me voir... Il était le confident de mes plaisirs, il est juste que je le sois de sa peine.

Dorcelle s'est fait annoncer chez le marquis; on le laisse quelque temps seul dans un salon; enfin le marquis paraît. Lui aussi est changé, son air est sombre, soucieux, son abord grave et même sévère; en apercevant celui qui vient le voir, un léger froncement de sourcils plisse son front. Cependant il s'efforce de prendre un visage souriant en saluant Dorcelle; mais lorsque celui-ci lui tend la main pour presser la sienne, Abelino retire son bras en disant :

— Pardon, mais je souffre de la main... je ne puis la donner...

— Ah! mon ami, j'ai appris l'affreux malheur qui vous a frappé! Vous avez perdu une femme que vous chérissiez... et je vois bien que vous ne pouvez vous consoler...

— Oui, la marquise est morte... c'est un grand malheur en effet, mais dans la vie il faut s'attendre à tout!

— Non, on ne pouvait s'attendre à un pareil évènement; et comment donc cela est-il arrivé?

— Pardon, mais ces souvenirs me sont trop pénibles .. dispensez-moi de parler encore de cet événement.

— Excusez-moi; il y a des personnes qui aiment à s'entretenir de ceux qu'ils ont perdus...

— Donnez-moi plutôt des nouvelles de vos amours, vous êtes sans doute toujours avec votre belle danseuse de Mabille?...

— Non, oh! il y a longtemps que cette liaison a cessé... D'abord je vous avouerai que je commençais à en avoir assez... ces passions-là ne sont pas éternelles; Augustina avait cessé entièrement de me donner de ses nouvelles, je suis allé passer trois mois en Angleterre. A mon retour je l'ai rencontrée une fois, horriblement changée! vieillie de dix ans; j'ai été à elle : mais je ne sais ce qui lui est arrivé, elle m'a déclaré qu'elle ne pouvait me voir et prié de ne plus lui parler si je la rencontrais... puis elle s'est sauvée, et c'est fini!

Le marquis réfléchit quelques instants, puis il s'écrie :

— Pardon de vous quitter si vite... mais une affaire pressante m'appelle, je ne puis causer davantage avec vous.

Dorcelle, frappé du ton singulier du marquis, de l'accueil froid et contraint qu'il en a reçu, prend aussitôt son chapeau et le salue gravement en répondant :

— Faites, monsieur le marquis, ne vous gênez en rien! C'est moi qui suis désolé de vous avoir dérangé, d'avoir abusé de vos moments.

Et le saluant avec cérémonie, Dorcelle sort de chez le marquis en se disant :

— Ah! c'est comme cela qu'il me reçoit depuis qu'il est veuf!... Oh! soyez tranquille, monsieur le grand seigneur, je n'aime point les hommes capricieux! Vous m'accabliez d'amitiés... aujourd'hui, vous ne me donnez plus la main! Restez chez vous, mon cher, ce n'est pas moi qui retournerai vous y voir... Et il ne veut pas qu'on lui parle de sa femme... singulière façon de regretter les morts, que de vouloir même effacer leur souvenir de notre mémoire!...

Vers la fin de l'été de l'année suivante, une femme mise avec goût, mais modestement, se promenait seule et rêveuse dans une contre-allée du jardin du Luxembourg; il tombait une pluie fine, légère; l'allée était déserte, lorsqu'un monsieur qui traversait rapidement le jardin passe près de cette dame; celle-ci court à lui, l'arrête en lui touchant le bras et, s'inclinant presque à ses genoux, murmure d'une voix suppliante :

— Pardonnez-moi, monsieur, oh! de grâce... pardonnez-moi!

Le marquis Abolino, car c'était lui-même, regarde celle qui lui parle et lui répond froidement :

— Madame, vous vous trompez sans doute, car je ne vous connais pas !

— Ah! c'est que vous ne voulez pas me reconnaître... je suis Fidélia... votre femme!

— Encore une fois, madame, vous faites erreur : ma femme est morte depuis un an... je vous le répète, il est inutile de me retenir davantage.

Et le marquis s'éloigne à pas précipités, tandis que Fidélia va pleurer sur un banc, en murmurant :

— Oui... il a raison, je ne puis plus me dire sa femme!... Fidélia est morte... Augustina seule est restée!

FIN

TABLE DES MATIÈRES

I.	Préface si l'on veut; infortune vraie......	1
II.	Rencontres au café.........................	14
III.	Le marquis Abolino..........................	27
IV.	Une partie de cheval........................	37
V.	Soirée chez M. Grosbœuf....................	49
VI.	La marquise Abolino.........................	63
VII.	Soirée à la Chaussée-d'Antin................	75
VIII.	Au bal Mabille..............................	91
IX.	La belle blonde.............................	107
X.	Ce qui devait arriver.......................	121
XI.	Les témoins de Dorcelle.....................	141
XII.	Retour du marquis...........................	150
XIII.	Méchancetés de la baronne...................	157
XIV.	Par où un mariage peut manquer..............	108
XV.	Les rendez-vous.............................	187
XVI.	Nouvelle mésaventure de Godineau............	195
XVII.	Où l'on veut toujours en venir..............	209
XVIII.	La grappe de groseille.....................	222
XIX.	Une place où l'on ne fait que se promener...	220
XX.	Une plaisanterie mal prise..................	248
XXI.	Une femme morte et vivante..................	251
XXII.	Quelque temps après.........................	271

F. Aureau. — Imprimerie de Lagny

www.ingramcontent.com/pod-product-compliance
Lightning Source LLC
Chambersburg PA
CBHW070759170426
43200CB00007B/839